오래될수록
더 좋아지는 것들

오래될수록
더 좋아지는 것들

권은순 지음

라이프 스타일리스트 권은순의 집 이야기

BOOKERS

글을 시작하며

내가 생각하는 집은 하루 일과를 마치고 빨리 돌아오고 싶은 곳, 오래 머물고 싶은 곳이다. 결혼 전의 나는 집보다는 밖에 있는 시간이 더 좋았다. 아침 일찍 일어나 남들보다 일찍 회사에 출근했고 야근을 즐겨 했으며 주말이면 친구네 집에 가서 머물곤 했다.

그러다 20대 후반에 결혼을 하면서 몸과 마음이 편안한 집을 갖는 것에 많은 생각을 하기 시작했다. 나와 가족이 바쁘게 일하고 힘들게 공부하다가도 빨리 돌아오고 싶고 오래 머물고 싶은 집을 만들고 싶었기 때문이다.

집은 아름답게 꾸미는 것이 우선이 아니다. 나와 가족이 집에서 무엇을 하고 싶은지, 그래서 나와 가족을 위해 어떤 공간이 필요한지 생각하는 것이 우선이다. 많은 사람들이 집의 인테리어를 중요하게 생각하고, 돈과 시간을 들여 공사를 해서라도 원하는 공간을 만든다. 하지만 집 안에 이삿짐이 들어가고 나면 생각했던 모습이 아니라고 실망하는 경우가 많다. 가장 큰 이유는 집 안의 분위기에 어울리지 않는 물건들 때문이다.

나는 많은 물건을 가지고 있으려고 하지 않는다. 집 안의 물건은 꼭 필요하면서 디자인이 마음에 드는 것만 가지고 있다. 쓰임새가 없고 아름답지 못한 물건에 미련을 버리지 못한다면 우리가 원하는 모습의 집을 갖기는 어렵다.

나는 아무리 기능이 좋아도 디자인이 맘에 들지 않는 물건은 사지 않는다. 필요한 기능의 물건을 사야 할 때에도 마음에 드는 디자인을 찾을 때까지 한참을 기다린다. 오히려 내가 좋아하는 디자인의 물건인데 기능이 조금 떨어질 때는 참고 쓴다.

나의 디자인에 대한 집착으로 가끔 가족들도 불편함을 겪곤 했다. 기능을 우선해 물건을 고르던 남편도 이제는 아내의 취향과 선택을 존중한다.

우리 집 물건들은 유용한 것이면서 보기에도 좋은 것들이다. 공간에 자리잡고 그 공간을 살려주는 소중한 것들이다.

책을 준비하며 집 안에 물건들을 하나씩 살펴보며 물건에 담겨 있는 우리 가족의 이야기와 다시 만났다. 물건 하나하나에 세월에 묻어 있음을 새삼 느낄 수 있었다.

생각해보면 새로 물건을 고를 때에는 언제나 디자인이 단순해서 싫증나지 않는 것, 오래 될수록 깊이가 있어 보이는 것으로 선택해왔다. 이 책에 소개하는 물건들은 모두 우리 가족과 함께한 것들이다. 시간과 함께 조금 낡고 빛바랬을 수는 있지만, 나에게는 추억이고 사랑이다.

2022년 가을 과천에서
권은순

차례

글을 시작하며 9

침실과 거실 편안하고 행복하게

비트라 메탈 사이드 테이블 오래 쓸수록 그 가치를 더한다 19

아이스 블록 테이블 램프 첫눈에 반해버린 핀란드 디자이너의 조명 27

티볼리 오디오 남편이 준비한 결혼 20주년 선물 35

에그 체어 가장 완벽한 인테리어 오브제 43

에디슨 선풍기 수명을 다할 때까지 51

모던 보이 테이블 램프 스스로 빛을 내는 존재 57

실린더 꽃병 누구나 쉽고 간단하게 65

디퓨저와 캔들 나만의 향기, 그곳만의 향기 73

부엌과 다이닝룸 **따뜻하고 단정하게**

드그렌 화이트 도자기 수십 년 변함없는 선택, 백색 식기　85

킨토 와인 글라스 와인의 멋과 맛을 담아내다　93

비알레띠 모카포트와 일리 에스프레소 컵 오래 전, 뉴욕에서의 1년　101

발뮤다 토스터 입소문은 거짓이 없다　109

카르텔 바티스타 테이블 트롤리의 변신은 무죄　117

르크루제 냄비와 프라이팬 무거움은 참을 수 있다　125

브레빌 샌드위치 프레스 남편의 아침 준비는 간편할수록　133

라귀올 스테이크 나이프 테이블 위의 흑기사, 장인의 후예들　141

프랑프랑 주걱 작은 생각의 차이가 생활을 편리하게　147

바나나 훅 작고 가볍고 단순하며 저렴한　153

문구와 정리 쓸모 있고 깨끗하게

아이디투 멀티탭 웬만하면 눈에 띄지 않게　161

작은 사다리 어디선가 무슨 일이 생기면　169

무인양품 계산기 책상 위에 있어도 좋아　177

페일링 손톱깎이 칼의 도시에서 내 손톱을 구하러 왔다　183

언더 선반과 접시 랙 인테리어의 시작은 수납　189

화이트 타월과 넬리 세제 언제나 새것처럼 하얗게 선명하게　197

스위퍼 먼지털이 집 안 곳곳 먼지는 더스터에 맡겨라　205

취미 즐겁고 건강하게

뱅앤올룹슨 블루투스 무선 스피커 언제 어디서나 음악 215

싱거 재봉틀 오랫동안 소망했던 취미 생활 223

클라터뮤젠 등산 재킷 사계절 아웃도어 라이프 231

잠발란 등산화 극강의 편안함과 스타일까지 241

스트레칭 도구들 평생의 다이어트, 매일 꾸준하게 249

패션 아름답고 스타일리시하게

티파니 클로버 키 펜던트 하늘색 사랑의 주얼리 259

마놀로 블라닉 레이스 구두 뉴요커의 하이힐 267

버켄스탁 울 펠트 슬리퍼 차가운 내 발을 따뜻하게 273

침 실 과   거 실

편 안 하 고   행 복 하 게

비트라 메탈 사이드 테이블

테이블 위에 접시나 컵 등을 편하게 놓고 쓸 수 있고,
혼자서 책을 보거나 음악을 들을 때도 책과 찻잔 등을 두기가 좋다.
평소에는 화병이나 촛대를 장식하여 두고 필요에 따라
다양하게 사용할 수 있으니 크게 튀지 않으면서도
다재다능하고 기특한 아이템이다.

오래 쓸수록
그 가치를 더한다

패션을 하던 내가 예쁜 인테리어나 가구, 소품 등에 관심을 갖게 된 계기 중에는 비트라의 지분이 상당하다. 1934년 스위스 바젤의 작은 가구 매장으로 시작된 이곳은 내부 디자인 팀이 제품을 양산하지 않고 콜라보레이션을 통해 제품을 유통하는 인테리어 플랫폼이다. 오래 전부터 이렇게 소속을 두지 않고 능력 있는 디자이너들과의 콜라보레이션을 시작했다는 것 자체가 참신한 시도였다.

    이처럼 유명한 디자이너부터 전도 유망한 신인 디자이너까지 섭외와 발굴을 통해 프로젝트별로 디자인을 뽑아내다 보니 제품들마다 디자이너 이름이 앞에 붙는다. 내가 아끼는 이 테이블에는 프랑스 출신인 로낭과 에르완 부홀렉Ronan & Erwan Bouroullec 형제의 이름이 제품 앞에 붙는다. 최근 삼성전자의 '더 세리프 TV'를 디자인하면서 로낭과 에르완 부홀렉 형제가

다시 한 번 주목받았는데, 우리 집에는 그들과 비트라의 협업품인 메탈 사이드 테이블이 오랜 시간 자리하고 있다.

아이가 중학생이 되고 학교 근처 40평대 아파트로 이사하면서 구입한 물건이다. 메탈 사이드 테이블 실내용과 실외용으로 전개되는 제품들 중에서 정사각형의 소형과 중형 두 사이즈를 선택했다. 한동안 살았던 28평 아파트의 거실에는 3인용 소파를 일자로 두고 티 테이블이나 사이드 테이블은 구성하지 않았었다. 대신 창가에 긴 테이블을 두어 가족들이 책을 보거나 술잔을 기울이거나 식사를 하며 이야기를 나누는 용도로 사용했다. 아이가 초등학교 저학년이었기 때문에 퇴근 후 저녁식사를 준비하면서 주방과 이어진 거실 테이블에서 숙제를 하는 아이와 눈을 마주치거나 도움을 줄 일이 있을 때 바로 알아차리고 접근하기 좋은 배치를 고려했기 때문이다.

하지만 43평 아파트로 이사를 했을 때는 아이가 중학생이 되었고 자신의 방에서 집중하며 공부하거나 생활을 자립적으로 했기 때문에 거실의 소파를 가족이 함께 대화하기 좋은 구조로 배치하려고 했다. 편안한 3인용 소파에 라운지 체어와 벤치 등을 둘러앉기 좋은 'ㄷ' 자로 놓고 가운데 티 테이블을 새로 두었다. 이런 배치를 하게 되면서 거실에서의 사이드 테이블은 중요

화이트 상판의 중간 크기 (가로 40cm, 높이 44.5cm) 테이블과
다크브라운 상판의 작은 크기 (31.5cm, 높이 38cm) 테이블.

크기가 다른 두 개의 사이드 테이블을 거실에 두면 여러모로 활용도가 높다.

한 아이템이 되었다.

　소파를 'ㄴ', 'ㄷ' 또는 'ㅁ' 자 형태로 배치를 하고 가운데 테이블만 놓으면 앉은 자리에서 커피나 마시거나 과일 등을 가져다 먹을 때 허리를 숙여 멀리 왔다 갔다 해야 하는 불편함이 있다. 소파와 라운지 체어, 벤치 등 사이사이에 사이드 테이블을 두면 어느 자리에서든 가까이에 찻잔 등을 둘 수 있으므로 편하고, 좋아하는 작은 소품 등을 둘 수도 있어 장식적인 면에서도 좋다.

　이처럼 이 크고 작은 두 개의 사이드 테이블은 데커레이션으로 편리함으로 양쪽을 다 만족시키는 굿 디자인이다. 리듬감이 느껴지도록 두 개의 테이블을 경우에 따라 떼어놓거나 붙여 놓을 수도 있다. 테이블 위에 접시나 컵 등을 편하게 놓고 쓸 수 있고, 혼자서 책을 보거나 음악을 들을 때도 책과 찻잔 등을 두기가 좋다. 평소에는 화병이나 촛대를 장식하여 두고 필요에 따라 다양하게 사용할 수 있으니, 크게 튀지 않으면서도 다재다능 기특한 아이템이다.

　강철 금속 소재에 마담도 견고해서 20년 가까이 사용하고 있지만 거슬리지 않은 잔 스크래치 정도만 있을 뿐 형태나 마감의 변형이 거의 없다. 그러니 가끔은 필요에 따라 사이드 테이블뿐만 아니라 스툴로도 사용할 수 있을 만큼 단단하다.

어느 정도의 비용을 지불하고 사더라도 시간이 지나며 점점 잘 샀다는 생각이 드는 것, 써도 써도 싫증 나지 않는 것, 쓸수록 낡아가는 것이 아니라 깊이가 있어지는 것. 바로 이런 것이 명품이라는 생각이 든다.

아이스 블록 테이블 램프

넓은 전시회장에서 첫눈에 반하고 사랑에 빠진 이 램프는
우리 집 거실, 내가 가장 좋아하는 자리에 놓여 빛을 발하고 있다.
1996년 출시된 그 해, 전시장에 선보였던 바로 그 작품이 내 손에 이끌려
머나먼 서울까지 오게 된 이 램프는 수많은 디자인상을 수상하였고,
2000년에는 MoMA의 영구 컬렉션에 선정되었다.

첫눈에 반해버린
핀란드 디자이너의 조명

내가 결혼한 1988년도에는 리빙 인테리어라는 단어 자체도 생소하던 시절이어서 살림살이 장만하는 데 어려움이 많았다. 꼭 구입해야 할 살림살이 중에 모던하고 심플한 디자인을 거의 찾아볼 수가 없었기 때문이었다. 오죽하면 해외 출장을 나갔다 돌아오는 길에 대부분의 살림살이를 사 가지고 오는 유난을 떨었을까.

그때는 누구나 알 만한 국내 브랜드 제일모직에서 패션 디자이너로 일하고 있었는데, 운 좋게도 결혼 다음 해에 일본 도쿄로 연수를 가게 되었다. 패션 회사로 연수를 간 것이지만, 도쿄에 있는 가구, 라이프스타일 브랜드가 내게는 더 흥미로웠다.

도쿄에서의 연수 기간 내내 그런 매장들만 다니며 좋아하는 나를 발견하게 되었다. 그때의 영향 때문이었을까. 패션에서 리빙으로 바꾸기로 결심했고, 1992년에 라이프스타일 브랜드인

뚜껑을 연 아이스 블록 테이블 램프. 전구를 얹는 부분이 반투명 처리되어
전구 모양의 외관을 형성하며 은은한 빛을 낸다.

디자인하우스 스톡홀름(Design House Stockholm),
하리 코스키넨(Harry Koskinen), 가로 16cm, 세로 10cm, 높이 9cm.

'전망좋은방'을 론칭하였다. 1998년까지 6년 동안, 우리나라에 '집 꾸미기'라는 새로운 라이프 트렌드를 선도하는 역할에 집중했고, 열정적으로 일했다.

새로운 트렌드를 익히고 국내에 알리기 위해 전 세계 라이프스타일 관련 전시회인 독일 프랑크푸르트에서 열리는 '암비엔테ambiente', '프리미어Premiere', 프랑스 파리에서 열리는 '메종 오브제Maison Objet' 등을 정말 바쁘게 다녔다. 물건을 바잉하고 최신 트렌드를 반영해 매장을 전개하면서 활동했다.

그러던 중 프랑크푸르트 전시회에서 맘에 쏙 드는 디자인의 램프를 발견했다. 너무 갖고 싶었지만 일단 전시장에서는 샘플 구입이 불가능했다. 또한 어렵게 구입을 한다 해도 유리 재질인 램프의 무게 때문에 캐리어에 넣어 가지고 올 수도 없었다. 아쉬운 마음은 컸으나 포기하고 발길을 돌렸다. 하지만 호텔로 돌아와도 그 램프가 눈에 아른거려서 도저히 참을 수가 없었다.

다음날 램프가 전시된 '디자인하우스 스톡홀름' 부스를 다시 찾아가 이렇게 말했다.

"나는 이 램프를 이번에 꼭 한국의 우리 집으로 가지고 가고 싶다. 디자인이 너무 맘에 든다."

내 간절한 마음이 전해져서였을까. 전시 끝나는 날 오면 구입하게 해주겠다는 허락을 받았다. 드디어 전시 마지막 날, 즐거운 마음으로 램프를 구입하고 어렵게 들고 호텔로 돌아왔으나 램프를 가지고 비행기 탈 일이 걱정이 되었다. 사진에서 보는 것처럼 이 램프는 공업용 유리 블록에서 영감을 받아 만들어진 벽돌 두 장 정도의 크기에 3kg이 넘었다.

하지만 포기할 내가 아니었다. 혹시 짐칸에 실었다가 깨질까 염려가 되어 옷가지로 단단하게 싸매고 핸드캐리했다. 서울에 도착한 집에서 램프를 꺼냈을 때의 기쁨은 어찌 말로 다 표현할 수 있을까.

그 넓은 전시회장에서 첫눈에 반하고 사랑에 빠진 이 램프는 그때부터 지금까지 우리 집 거실, 내가 가장 좋아하는 자리에 놓여 빛을 발하고 있다. 1996년 출시된 그 해, 전시장에 선보였던 바로 그 작품이 내 손에 이끌려 머나먼 서울까지 오게 된 이 램프는 수많은 디자인상을 수상하였고, 2000년에는 MoMA의 영구 컬렉션에 선정되었다. 지금은 뉴욕의 MoMA뿐 아니라 전 세계에 모던디자인을 이끄는 곳에서 자주 접하곤 한다.

지금은 핀란드를 대표하는 디자이너로 이름을 알리고 있는 하리 코스키넨Harry Koskinen이 학생 때 디자인한 이 블록 램프

어두움을 밝혀주는 조명 기구이면서 멋진 공간을 연출하는 오브제의 역할도 한다.

는 핸드메이드 유리로 제작되고, 오랜 시간이 흘러도 균열되지 않도록 긴 냉각 과정을 거친다. 단순하고 실용적이며 아름답기까지 한 핀란드 디자인에서 조명은 매우 중요한 아이템이다. 빨리 지는 해, 유난히 추운 겨울을 사는 핀란드 사람들에게 조명은 단순히 '빛' 그 이상의 의미를 지니고 있지 않을까.

그래서인지 지금도 처음 구입했을 때와 다르지 않게 원래 모습 그대로이다. 모던한 디자인에 유리 재질이어서 자칫 차가운 느낌이 들지 않을까 싶지만, 사각의 끝이 살짝 굴려진 데다 오브제의 질감이 느껴져 어두운 거실에 아늑한 느낌마저 선사한다.

티볼리 오디오

티볼리 모델 원은 고급 가구에서 사용하는
핸드메이드 우드 캐비닛을 사용하여 심플하고
고급스러운 디자인과 이상적인 음향 기술을 자랑한다.
모던하면서 따뜻한 느낌을 주는 디자인은
시간이 흐를수록 더 깊이를 느끼게 된다.

남편이 준비한
결혼 20주년 선물

나는 80학번이다. 1980년, 대학교 1학년 8월에 미팅에서 만난 남자가 바로 지금의 남편이다. 내가 남편과 결혼하게 된 것은 음악의 영향이 아주 크다. 나는 남편을 만나기 전까지는 음악에 아주 문외한이었다. 나의 아버지는 학생이 음악을 들으면 불량하다고 생각하시는 분이어서 우리 집에는 라디오도 한 대 없었기 때문이다. 그러니 음악을 접할 기회라곤 전혀 없어서 음악을 잘 알지도 즐길 줄도 몰랐다.

그런데 미팅에서 만난 파트너가 대화 중 절반 이상은 음악 이야기였고, 음악 다방에서 만나면 나오는 곡마다 노래 제목, 가수와 그 곡에 대한 이야기를 조근조근 들려주는 것이다. 나는 그의 차분하고 조용한 음악에 관한 이야기가 좋았다. 연애 7년 만에 우리는 결혼했고, 나는 음악을 좋아하는 남편의 취미를 응원하고 지원했다.

우리 집의 거실, 침실, 그리고 남편의 음악 방에는 다양한 타입의 오디오 기기가 설치되어 있다. 음악 애호가이면서 오디오 마니아인 남편의 것이 대부분인데, 특히 오디오는 남편의 전유물이다. 우리 집 음악 방은 남편의 취미를 존중한다는 차원에서 만들게 되었다. 자신만의 공간을 즐기라고 웬만하면 나는 들어가지 않는다. 친구들이 와서 함께 음악을 들을 때나 되어야 가끔 들어갈 정도다.

　사실 남편의 오디오 세트가 소리 면에서야 훌륭한 명품들이지만 디자인은 내 마음에 들지는 않는다. 남편은 오디오에 있어서는 디자인보다는 소리가 더 중요하다고 생각하고, 소리와 디자인 중에서는 언제나 소리가 우선이기 때문에 디자인은 기꺼이 포기할 때가 많았다.

　어떤 물건이든 디자인을 중요하게 생각하는 나에게 남편은 어느 날, 그린 색상의 티볼리 라디오를 보여주며 '이것도 아니야?' 하는 표정으로 나의 의견을 물었다. 남편이 내게 건넨 티볼리 라디오는 정말 내 맘에 쏙 들었다. 남편이 권하는 것이니 성능은 좋은 것이 당연했다. 그런데 우리 집은 방방마다 오디오 시스템이 구비되어 있었기 때문에 이 라디오는 침실 안 욕실에 두기로 했다. 잠시지만 아침에 욕실에 머무를 때 라디오에서 흘러나오는 음악이 기분을 상쾌하게 해준다.

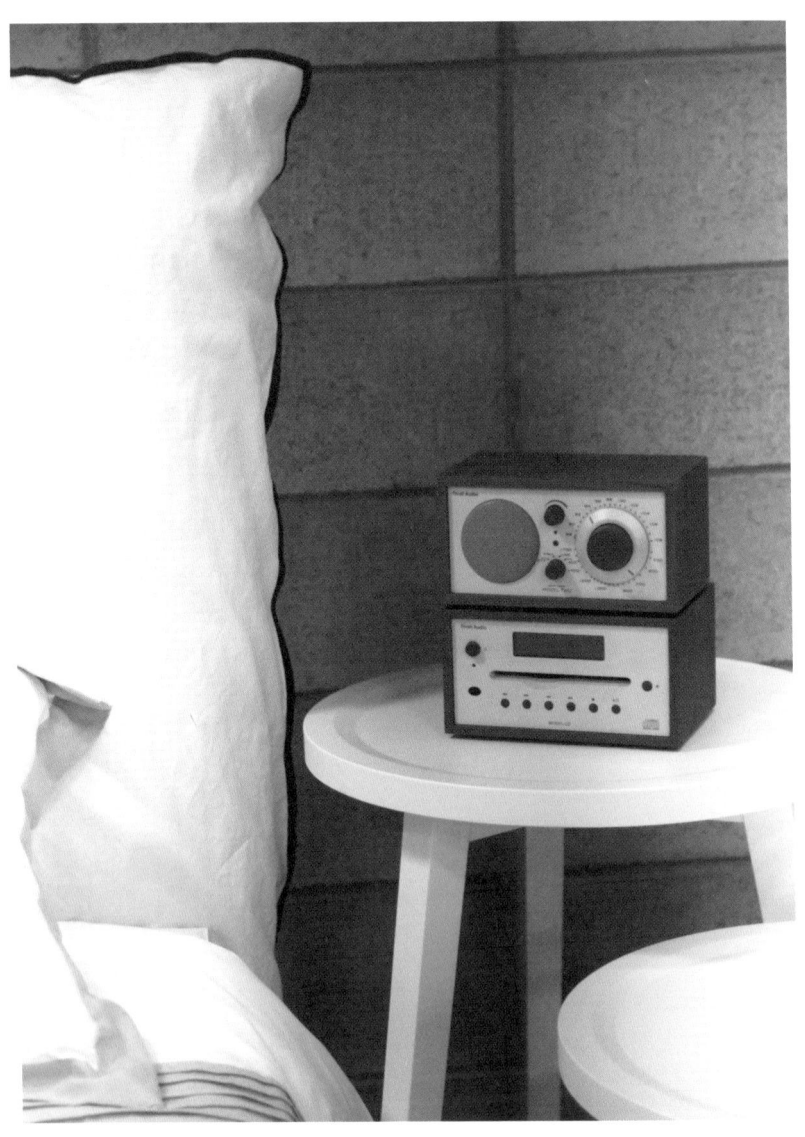

그리고 세월이 흘러 결혼 20주년이 되었다. 남편은 이날을 기념해 뭔가를 사주고 싶어 하며 내게 원하는 것을 물었다. 나는 아이보리 컬러의 오디오 세트를 갖고 싶었다. 그린 컬러 라디오가 볼수록 들을수록 보기 좋고 정이 가서 나만을 위한 아이보리 티볼리 오디오 세트를 갖고 싶었던 거다. 내가 마침 자신도 좋아하는 아이템을 고르니 남편도 매우 즐거워했다. 주는 이도 받는 이도 모두 좋아하는 선물인 셈이었다.

결혼 20주년이었으니 벌써 15년 전이다. 그래서 나에게는 아이보리 컬러의 티볼리 오디오 세트와 그린 컬러의 티볼리 라디오가 있다. 남편의 결혼 20주년 선물은 사무실에 두고 사용해 일하는 시간 내내 음악과 함께했다.

오늘날에도 많은 포터블 오디오의 기준이 되고 있는 티볼리Tivoli는 헨리 크로스Henry Kloss가 설립했다. 평생을 오디오 업계에서 업력을 쌓았던 그가 하이엔드 오디오 끝에 마지막으로 선보인 것이 바로 모노 라디오 티볼리 모델 원model one이다.

'어떻게 음악을 집에서 쉽고 편안하게 들을 수 있을까?'라는 물음에서 그의 발명은 시작되었고, 언제 어디서든 자유로이 음악을 들을 수 있는 오늘날에 많은 기여를 했다. 티볼리 모델 원은 고급 가구에서 사용하는 핸드메이드 우드 캐비닛을 사용

티볼리(Tivoli) 모델 원(model one), 헨리 크로스(Henry Kloss),
가로 21.27cm, 세로 13.34cm, 높이 11.43cm

모던함을 기본으로 레트로 감성을 담은 티볼리의 디자인은 어느 공간에서나 잘 어울린다.

하여 심플하고 고급스러운 디자인과 이상적인 음향 기술을 자랑한다. 이 디자인은 모던한 듯 따뜻한 느낌으로 시간이 흐를수록 더 깊이를 느끼게 된다. 또한 정밀한 조작이 가능한 튜너는 수많은 라디오 방송을 잡음 없이 깨끗하게 들을 수 있다.

 티볼리 모델 원은 2002년 1월 31일 생을 마감한 헨리 크로스의 마지막 작품이다. 이런 사실을 알고 나니 내가 가지고 있는 티볼리 오디오가 더 소중하게 여겨진다.

에그 체어

20세기 디자인 아이콘으로 불리는 에그 체어는
동그란 달걀 모양으로 유명한데, 덴마크 건축가이자
'북유럽 스타일'을 완성한 아르네 야콥센의 대표 작품이다.
에그 체어는 달걀이 연상되는 유려한 곡선 덕분에
그 어떤 디자인 체어보다 실제 앉았을 때 더 아늑하다.

가장 완벽한
인테리어 오브제

실용적인 의자로도 유려한 디자인의 인테리어 오브제로도 완벽 그 자체인 에그 체어를 언젠가 가질 수 있을까. 이런 생각을 하게 된 건 2000년대 초반, 가구 전시회를 위해 덴마크 코펜하겐과 스웨덴 스톡홀름에 출장 갔을 때였다.

전부터 유럽이나 미국 등 출장이나 여행지에서 접했던 에그 체어는 그저 멋진 호텔 등에 놓여져 있는 멋진 장식용 의자라고만 생각하고 우리 집과는 막연하고 먼 얘기라고만 생각했다. 하지만 북유럽 사람들의 일상생활 가까이에 자리한 에그 체어의 모습을 직접 보게 되니, '내 곁에도 언젠가'라는 생각을 하게 된 것이다.

2011년, 지금 사는 단독주택을 설계하고 지으면서 가구에 대한 많은 생각을 해야 하는 것은 즐거운 프로젝트였다. 74평 크

기의 땅은 집을 짓기에는 조금 작았지만 무엇보다 살고 싶은 모습의 집을 짓는 것이 우선이었다. 제한된 공간에서 평소에 생각하던 넓은 거실을 갖기 위해서는 주방, 침실, 욕실의 공간은 양보해 작게 할애해야 했다.

    언제나 생각해오던 천장이 높고 넓은 거실, 소파와 커다란 다이닝 테이블이 한 공간에 있는 거실, 그리고 크고 넓은 창가에 놓여진 에그 체어. 원하는 만큼 충분한 크기는 아니었지만 상상하던 거실의 설계를 마치고 공사를 진행하면서 나는 뉴욕으로 갔다. 상상을 현실로 옮기기 위해서였다. 그때 고른 것이 바로 레스토레이션 하드웨어Restoration Hardware의 어두운 가죽과 송치로 옷을 입은 에그 체어였다.

    마음으로만 생각해오던 에그 체어, 기존에 보았던 모던한 소재였다면 과연 내가 실천에 옮겼을까? 아니었다. 내 눈에 띈 에그 체어는 새것이지만 오래된 듯한 빈티지 분위기를 가지고 있어서 더 따뜻한 느낌으로 다가왔다. 최근에는 브랜드 이름도 RH로 변경하고, 워런 버핏이 선택한 브랜드이자 럭셔리 가구 매장으로 승승장구하고 있지만, 아메리칸 빈티지의 모든 것을 만날 수 있는 가구 갤러리로도 유명하다.

    당시 집의 거실을 생각했을 때 인테리어는 모던하지만 가구로써 내추럴하고 편안함을 추구하는 것이었는데, RH의 에그 체어로 그 분위기를 한층 살릴 수 있을 것 같았다. 이렇게 내 맘으로 들어온 에그 체어를 주문하고 배로 운송되어 통관하고 들어오는 데 한 달이 걸렸다. 자주 하는 얘기지만 이 에그 체어를 사느라고 그 여행에서도 샤넬 백을 사지 못했다.

    내가 선택한 RH 에그 체어는 모던한 라인의 기본 형태에 염색되지 않은 자연스러운 천연가죽과 송치 소재로 부드러움과 빈티지한 매력을 함께 지녔다. 브러시 알루미늄 받침대가 인더스트리얼한 분위기까지 자아내 화이트와 그레이 컬러가 주를 이루는 모던한 우리 집 거실에도 잘 어울렸다. 바다를 건너 우리 집으로 온 에그 체어는 RH에서 재가공한 제품이었는데, 역시 RH는 그 브랜드의 아이덴티티를 그대로 담은 에그 체어를 만들어냈다.

    20세기 디자인 아이콘으로도 불리는 에그 체어는 동그란 달걀 모양으로 유명한데, 덴마크 건축가이자 '북유럽 스타일'을 완성한 아르네 야콥센Arne Jacobsen의 대표 작품이다. 1960년 문을 연 덴마크 코펜하겐의 SAS 로얄 호텔(현, 래디슨 컬렉션 로얄 호텔)의 로비용 가구로 주문되었고, 이 호텔의 모든 디자인 요소 또한 그가 담당한 것으로도 유명하다. 에그 체어는 달걀이 연상되는 유려한 곡선 덕분에 그 어떤 디자인 체어보다 실제 앉았을

레스토레이션 하드웨어(RH), 아르네 야콥센(Arne Jacobsen).
체어: 가로 86cm, 세로 114cm, 폭 78cm. 오트만: 가로 71cm, 세로 48cm, 폭 53cm.

때 더 아늑하다.

애지중지 바라만 봐도 좋은 에그 체어를 꽤 오랫동안 거실의 중심으로 두고 있었는데, 그 사이 영화나 좋은 장소에 가면 자주 볼 수 있게 대중화되었다. 주변의 많은 지인들이 인생 드라마라고 얘기하는 〈나의 아저씨〉에도 에그 체어가 등장했다. 우리 집은 종종 광고나 드라마 장소로도 활용되었는데, 주인공인 아이유가 악역인 대표의 집에 찾아가 이야기를 나누는 드라마 11화의 장면에 나오는 의자와 공간이 바로 우리 집 거실이다.

하지만 사랑은 변하는 거라고 했던가. 함께한 지 10년을 채운 어느 날, 에그 체어와는 이별을 하게 되었다. 내가 에그 체어를 갖기 더 이전부터 갖기를 원하는 소파가 있었다. 이탈리아 브랜드 제르바소니Gervasoni의 고스트 소파Ghost Sofa로, 당시에 갖기에는 너무 고가여서 포기하고 이것도 언젠가라는 바람으로 세월이 훌쩍 지나갔는데 우리나라에 수입되어 들어온 것이다. 갖고 싶었으나 가질 수 없었던 그 소파가 바로 가까이 전시되어 있는데 참을 수가 없었다. 물론 3인용만 사고 에그 체어는 그대로 두어도 되긴 했지만 내가 원했던 건 3+1 세트였다. 에그 체어를 둘 자리가 없었다.

그러던 중 지인이 우리 집 에그 체어를 갖고 싶다는 의향을 비쳤다. 그녀가 에그 체어를 나만큼 좋아하는 모습을 보고 그날로 에그 체어를 실어 보냈다. 우리 집에서만큼 그 집에서도 잘 자리잡고 사랑받을 거란 확신이 있었기 때문이다. 마치 딸을 시집 보내는 엄마의 마음 같다고 하면 조금은 과장일까?

    에그 체어의 자리에는 지금 내가 원하던 다른 소파가 놓여 있다. 하지만, 가끔 에그 체어가 놓였던 그 자리를 떠올리며 그리워하곤 한다.

에디슨 선풍기

블랙과 화이트 두 가지 중에 나는 화이트를 선택했다.
우리 집 거실의 가구, 소품들과 편안하게 잘 어울리기 때문이었다.
기능은 단순하여 타이머와 풍향 조절, 회전 기능만 있어서
바닥 면의 버튼 디자인도 깔끔하고 먼지가 묻어도 간편하게 닦아낼 수 있다.

수명을 다할
때까지

나는 선풍기라는 아이템을 좋아한다. 예쁜 디자인의 선풍기를 잘 고르면 단순히 전자제품이 아닌 공간을 살려주는 하나의 오브제 역할을 해주기 때문이다. 나의 이러한 선풍기 욕심은 끝이 없어서 빈티지부터 모던한 것, 천장 실링팬까지 다양하게 가져봤지만 가장 많이 사용하는 선풍기는 이노디자인의 하우스 2.0 에디슨 선풍기이다.

    요즘은 웬만하면 에어컨을 사용하지만 선풍기를 에어컨과 함께 사용하면 좀 더 시원하게 지낼 수 있다. 때로는 에어컨 바람이 필요하지 않을 때도 있어서 여름이 되면 방방마다 선풍기를 두고 쓴다. 하지만 선풍기를 쓰지 않는 봄, 가을, 겨울에는 보관이 문제다.

    지금이야 선풍기의 디자인도 점점 나아져 디자인 오브제만으로도 갖고 싶은 제품도 꽤 많다. 하지만 빈티지 디자인의 데코

선풍기가 공간의 주인공이 되기는 어렵지만, 디자인에 따라 중요한 오브제가 될 수 있다.

레이션용 선풍기가 아닌 경우에는 계절이 지나도 공간에 두어서 어울리는 선풍기는 없다. 마치 크리스마스가 지나면 치워야 하는 트리 장식을 1년 내내 치우지 않는 경우와 같다고 생각한다. 한 집에 하나 이상은 갖고 있는 필요한 제품이지만, 여름 한철이 지나면 제 역할이 사라져 모습도 감춰야 하는 신세인 셈이다.

에디슨 선풍기는 모양이 모던해서 깔끔하다. 예뻐서 두고 쓰기에도 좋지만 사용하지 않을 때 납작하게 접어서 작은 공간에 간편하게 수납할 수 있으니 보관은 더 매력적이다. 40cm, 91cm 크기의 선풍기가 접었을 때에는 24cm, 43cm에 불과해 서랍장, 선반 등에 보관하면서 더 애착을 갖게 되었다. 보통의 선풍기는 크기도 크지만 잘 보관하기 어려운 형태인 데다 헤드 부분이 고정되지 않아서 수납 공간도 많이 차지하면서 불편하다.

사이즈가 좀 큰 편이긴 하지만 헤드 부분과 바닥 부분의 원형을 제외한 모든 라인이 간결한 직선과 적당한 비율로 구성되어 디자인적으로 완벽을 추구했으므로 오히려 실내 공간을 살려주는 인테리어 소품으로서의 역할을 한다.

이노디자인의 김영세 대표는 '끝없는 호기심이 변화를 주도한다'고 믿으며 혁신의 디자인을 선보였다. MP3 플레이어 '아이리버' 초기 제품을 디자인했고, 가전이나 라이프스타일 전반에

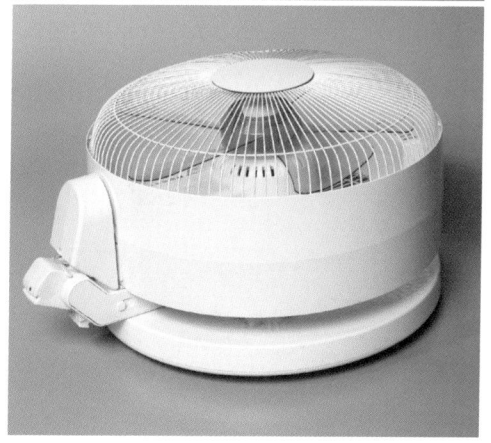

선풍기를 사용하지 않을 때에는 납작하게 접어
작고 간편하게 수납할 수 있다.

영향을 끼친 그는 대한민국을 대표하는 디자이너다.

    블랙과 화이트 두 가지 중에 나는 화이트를 선택했다. 우리 집 거실의 가구, 소품들과 편안하게 잘 어울리기 때문이었다. 기능은 단순하여 타이머와 풍향 조절, 회전 기능만 있어서 바닥 면의 버튼 디자인도 깔끔하고 먼지가 묻어도 간편하게 닦아낼 수 있다.

    지금은 발뮤다, 다이슨 등 모던한 디자인의 선풍기가 많지만 내가 에디슨 선풍기를 선택한 2009년에는 특이하게 모던한 디자인에 비해서 채 10만 원이 되지 않는 가격에 감탄하며 구입했었다. 하지만 지금은 단종되어 무척 아쉽다.

    인터넷을 뒤져보니 비슷하게 보이는 타사의 제품이 있으나 디자인이 이 정도 완벽하다고 할 수 없다. 어쩌겠는가. 새로운 선풍기를 하나 구입하기보다는 에디슨 선풍기가 수명을 다할 때까지 잘 보관하며 사용하게 될 거라는 확신이 든다.

    오래 쓰다 보니 커버가 찢어져서 직접 만들어서 쓸 정도로 애정을 갖고 있다. 처음 샀을 때 부직포로 제작된 커버도 좋았지만, 지금 내가 만든 컨버스 재질의 커버에는 내가 이 선풍기를 아끼는 마음이 담겨져 있다.

모던 보이 테이블 램프

서울의 청담동을 트렌드의 중심으로 만들었던
모던 보이 김용호는 높이 20cm로 자신을 꼭 닮은
로봇 모양의 세라믹 인형 '모던 보이'를 창조했다.
머리 부분에 전구를 달아 어두울 때 빛을 발하는 조명이 된다.

스스로
빛을 내는 존재

김용호는 사진작가이며 아트디렉터이다. 패션 에디터들 사이에서는 '청담동 문화를 만들어낸 사람'이라고 불린다. 1980년대 중반 제일모직에서 패션 디자이너로 일하던 나는 실제로 그가 어떻게 청담동 문화를 만들게 되었는지를 생생하게 보았다.

    당시는 방배동 카페거리가 가장 성행하다가 차츰 압구정동의 카페로 옮겨가고 있을 때였다. 청담동이란 명칭도 생소했던 당시 도산대로 언덕배기 대로 안쪽에 '카페 드 플로라'라는 파리에서 봄 직한 카페가 생겼는데, 이곳이 바로 김용호가 만든 곳이었다. 감각적인 인테리어와 데커레이션 특히 테라스가 예뻤던 이 카페는 패션 피플들이 오가며 유명세를 타기 시작했다. 급기야 근처에 하나씩 카페, 레스토랑, 숍들이 생기면서 당대 트렌드를 이끄는 '청담동 문화, 청담동 스타일'이 완성되었다.

    나는 일찌감치 사진작가 김용호의 감각을 인정하고 존중했

다. 1985년, 내가 제일모직에서 패션 디자이너로 일했을 때에는 지금처럼 패션산업이 세분화가 되어 있지 않아서 디자이너가 매장 디스플레이는 물론 카탈로그 촬영의 기획과 스타일링, 촬영 진행, 제작까지도 해야 했다. 나도 우리 브랜드의 카탈로그를 담당해 진행하다 보니 촬영을 같이 할 사진작가를 찾아야 했다.

감각적인 패션 사진작가 김용호를 우리 브랜드의 카탈로그 촬영 담당으로 제안해 함께 일하게 되었다. 시즌 중 한 번은 프랑스 파리를 배경으로 하는 기획이어서 촬영을 위해 팀들이 함께 파리로 날아갔다. 파리는 물론 영화 〈남과 여〉에 등장하는 도빌 바닷가에서 브랜드가 원하는 느낌의 패션 사진을 찍고 완성해내는 과정에서 그의 뛰어난 감각과 사진에 대한 열정을 충분히 보고 느꼈다.

그 후에는 내가 라이프스타일 브랜드 일을 했기 때문에 다시 함께 일을 하지는 못했지만 멀리서라도 서로의 일에 대해 응원해주는 사이로 지내고 있었다.

그리고 시간이 한참 흘러 2014년, 김용호 작가로부터 전시회 초대를 받았다. 당연히 사진 전시회라고 생각하고 전시장에 도착했는데 사진전이 아니었다. 이때가 '모던 보이'를 처음 접한 전시회였다. 김용호는 모던 보이에 대해 이렇게 이야기했다.

"모던 보이라는 작품은 여러 가지 의미로 해석될 수 있겠지만, 가장 핵심적인 것은 '스스로 빛나는 존재'라는 것이다. 역사적으로 모더니스트들은 항상 어두운 시대 속에서 홀로 빛을 내 자신의 가치를 증명해왔다. 누구에게 물려 받았거나 배경에 의지했거나 한 것이 아니라 자신의 노력으로 새 길을 개척한 것이다. 그것이 바로 모던 보이가 상징하는 선각자 정신이라고 생각한다."

    서울의 청담동을 트렌드의 중심으로 만들었던 모던 보이 김용호는 높이 20cm로 자신을 꼭 닮은 로봇 모양의 세라믹 인형 '모던 보이'를 창조했다. 머리 부분에 전구를 달아 어두울 때 빛을 발하는 조명이 된다. 그가 모던 보이 초기에 열었던 모던 보이 전시회에서는 화이트 기본형에 여러 명의 아티스트들의 협업을 통해 각각의 개성이 담긴 다양한 모던 보이 조명이 선보였다.
    그날 본 다양한 패턴의 모던 보이도 흥미로웠으나 아무런 무늬가 없는 화이트 모던 보이를 하나 구입해 집으로 데려왔다. 우리 집 거실에 자리잡고 가끔은 불을 밝혀주기도 하면서 오랜 세월이 지났다. 그 사이 모던 보이는 점점 진화하는 것처럼 보였고, 얼마 전 다시 동명의 전시회가 열렸다.
    이번 전시회는 〈모던 보이와 함께한 오후들〉이란 제목의 사진전이었다. 사진작가 김용호가 얼마 전 우리 곁을 떠난 시대의

작은 크기의 모던 보이는 스스로 빛을 내는 존재감을 느끼게 한다.
가로 8.5cm, 높이 20cm.

지성, 故 이어령 선생과의 만남을 돌아보며 촬영한 작품이 전시되었다.

그가 말하는 전시 제목에 관한 이야기가 기억에 오래 남는다.

"어느 날 촬영을 하다 선생님께 모던 보이를 선물한 적이 있다. 모던 보이 조명은 로봇의 몸을 가진 도자기 위에 커다랗고 밝은 전구의 머리를 가져, 각박한 현대 사회 속 인간의 정신만은 환하게 불을 밝혀 스스로 빛난다는 뜻을 가진 20세기 모더니스트를 상징하는 작품이다. 선생님은 '저게 바로 나'라고 말씀하셨고, 거기에서 사진전 제목이 나왔다. 선생님이 지성과 지혜로 이 시대를 밝힌 것과 같이, 이번 사진전을 통해 선생님과 오래된 우정의 시간을 향유하는 느낌을 나누고 싶었다."

그가 말하는 '모던 보이 프로젝트'란 한마디로 묵묵히 자기 자리에서 일하는 사람들 한 명 한 명이 스스로 빛나는 존재임을 일깨워주자는 것이다. 아무리 상황이 어렵고 힘들더라도 자포자기하지 말고 언젠가는 빛나게 될 자기 자신을 믿어야 한다는 메시지가 담겨 있다.

처음은 쉽지 않다. 뛰어난 한 사람이 처음의 길을 만들고 그 뒤를 많은 사람이 따라 걷는다. 김용호는 80년대부터 사진뿐만 아니라 문화 예술, 디자인 등의 분야에서 트렌드를 만들어간 사람이다. 그리고 자신의 앞서가는 뛰어난 감각으로 주변의 동료와 후배들에게 많은 영향을 끼쳤다. 스스로 빛을 낸 사람, 그가 곧 모던 보이다.

실린더 꽃병

누구나 쉽게 꽃을 꽂을 수 있고 모던한 공간 어디에나
잘 어울리기 때문에 이 꽃병은 많은 사람들에게 전해져
애용되고 있다. 9개의 실린더에 모두 꽃을 꽂아도 좋고
때로는 다 채우지 않아도 되며 경우에 따라
한 송이의 꽃만 꽂고 나머지는 비워두어도 좋다.

누구나
쉽고 간단하게

내가 처음 라이프스타일 관련 브랜드를 론칭하고 디스플레이를 하거나 카탈로그 작업을 하면서 공간 코디네이션을 할 때 모든 세팅을 하고 나서 뭔지 완성이 안 된 것 같은 느낌이 있곤 했는데, 그건 바로 공간에 어울리는 꽃이 없어서였다. 그래서 꽃 전문가를 초빙하여 내가 꾸며놓은 모던한 공간에 어울리는 꽃을 꽂아달라고 요청을 했지만 당시는 동양 꽃꽂이만을 할 때여서 우리 공간에 어울리는 꽃 데커레이션이 불가능했다. 그때는 나도 꽃에 대해서 잘 알지 못하고 있었지만, 최소한 공간과 어울리는 꽃 스타일은 달라야 한다는 것은 알고 있었다.

    꽃도 공간에 어울리는 스타일이 있다는 것을 국내에 알리고 싶은 마음에 나는 영국 런던의 근교에 자리한 플라워 스쿨에 한 달간 가서 꽃에 대한 기본적인 내용을 배웠고 미국에서도 한 달간 기본 테크닉을 배웠다. 하지만 패션 디자이너였던 나의 눈에 그들의 꽃은 공간에 어울리는 디자인이라기보다는 꽃을 꽂는 기술을 가르치고 있어서 내 맘에 들지는 않았다.

결국 내가 생각하는 꽃 스타일은 그들의 생활 공간에 있었다. 뉴욕의 ABC 홈, 파리의 포시즌스 호텔과 메르시 등 패션 피플과 셀러브리티들이 좋아하는 스타일리시한 공간에 꽂혀 있는 꽃들이 바로 내가 생각하는 아름다운 꽃들이었다. 그리고 그런 스타일들을 완성하는 데 한몫을 하는 것이 바로 꽃병이었다. 그중 내 눈을 사로잡은 형태는 여러 개의 유리병을 연결해서 꽃을 한 송이든 여러 송이든 꽂기만 하면 되는 꽃병이었다.

하지만 이런 꽃병들은 모두 해외에서 구입해서 핸드캐리로 가져와야 하니 주변에 친구들이 갖고 싶어 해도 갖기가 어렵거나 가격이 비싸고 쉽게 구입하기 어려운 것들이 많았다. 나는 꼭 필요하고 디자인 좋은 물건이 조금 고가이거나 들고 오기 어렵더라도 꼼꼼하게 챙겨서 잘 사용하고 있지만, 나만 갖고 있는 것으로는 만족이 되지 않았다.

그래서 제작한 것이 실린더 꽃병이다. 누구나 쉽게 꽃을 꽂을 수 있고 모던한 공간 어디에서든 잘 어울리기 때문에 이 꽃병은 많은 사람들에게 전해져 애용되고 있다. 꽃을 쉽게 꽂을 수 있으면서 공간에 잘 어울리는 모던한 꽃병을 전파하려는 나의 이런 생각을 펼치는 사이 도매시장에는 유사한 꽃병들이 하

휘어짐이 있는 아네모네와 니겔라를 반씩 꽂아 모던하고 내추럴한 분위기를 연출했다.

꽃봉오리가 위로 뻗으면서 잎이 많은 사루비아로 한층 풍성한 느낌으로 만들어주었다.

해피 트렁크(Happy Trunk)의 실린더 꽃병. 각각의 실린더는 지름 4cm, 높이 17cm.

나씩 등장하곤 한다. 하지만 사이즈가 너무 크거나 또는 작거나 비율이 맞지 않거나 뭔가 하나씩은 완성도가 떨어지는 제품들이 판매되고 있어 아쉽다.

나는 여러 가지 꽃을 섞어서 꽃꽂이 형태로 꽂는 것보다는 한가지 꽃 또는 그린 소재를 선택하여 심플하게 한두 송이 꽂는 것을 좋아한다. 간혹 여러 송이를 꽂더라도 모던하게 보이도록 꽂는 것을 좋아한다.

꽃다발이나 꽃바구니를 선물 받는 경우도 자주 있는데. 이 경우에도 여러 가지 꽃이 섞인 채로 공간에 자리잡게 하지 않는다. 여러 종류의 꽃이 한꺼번에 꽃바구니의 오아시스에 꽂혀 있으면 꽃 종류에 따라 빨리 시드는 순서대로 차례로 시들어가서 모양도 예쁘게 유지되지 않는다. 일단 이런 꽃을 선물 받으면 우선 모두 해체하여 종류별로 분류하고 분류된 꽃들을 각각 크고 작은 꽃병에 꽂아 어울리는 공간에 나누어 자리잡아 둔다. 이럴 때 실린더 꽃병은 제 역할을 톡톡히 한다. 9개의 실린더에 모두 꽃을 꽂아도 좋고 때로는 다 채우지 않아도 되며 경우에 따라 한 송이의 꽃만 꽂고 나머지는 비워두어도 심플하게 보여서 좋다.

나와 가족을 위해 일주일에 한두 번은 마트에 가서 식사 준비를 위해 장보기를 하는 것처럼 일주일에 한 번, 혹은 한 달에

한 번이라도 내 공간을 위해서 꽃을 사는 것은 어떨까? 이 생각이 실린더 꽃병을 만들게 된 계기가 되었다. 한 다발이 아니어도 좋다. 길거리 꽃 한 송이라도 이 꽃병은 공간의 분위기를 살려주는 데 부족함이 없다.

깔끔하게 정돈된 거실에 잘 어우러지는 모던하게 연출된 꽃을 위해서는 많은 돈이나 숙달된 기술이 필요한 것이 아니다. 살아 숨쉬는 상쾌하고 예쁜 꽃을 내 공간에서 즐기려는 마음만 있으면 언제든 가능한 일이다.

디퓨저와 캔들

음식처럼 나는 향 또한 편식이 심하다.
좋은 말로 포장한다면 취향이 뚜렷한 것이라 하자.
최근 많은 브랜드에서 내보이는 꽃, 허브, 나무 등
매우 다양한 향기 제품들 중에서 나는 나무 향에 끌린다.
삶은 달콤하거나 향기로운 것이 좋은데
향은 좀 거친 듯한 나무 향이 좋다.

나만의 향기,
그곳만의 향기

집 안 분위기는 정갈하게 잘 정리되고 아름답게 꾸며져 보기에 좋은 것만으로 완성되지 않는다. 머무르면서 한층 더 기분을 사치스럽게 고조시켜주는 것으로 공간을 채우는 향을 빼놓을 수 없다.

 향 이야기를 시작하려면 한참 전으로 돌아가야 한다. 30여 년 전만 해도 우리나라에서 초는 절에서 피우거나 집이라면 제사 때 사용하는 것 말고는 없었던 것 같다. 내가 결혼했던 1988년도 역시 신혼 맞이 집들이를 하거나 친구들과 식사 후에 초를 켜면 대부분이 생소해 하고 어떤 이는 살짝 불편해 하기도 했었다. 특히 음식과 함께 테이블 세팅용 초가 있으면 더욱 낯설어 했다.

 그 이후 인테리어와 라이프스타일에 대한 관심과 좋은 공간에 대한 인식이 생기면서 방향이나 분위기 연출을 위한 초는

자연스럽게 우리 곁으로 다가왔다. 해가 뉘엿뉘엿 지기 시작할 때 작은 초 하나라도 켜면 분위기가 한층 차분해지고 깊어지는 것이 좋았다. 이전이나 지금이나 인위적이고 강한 향이 있는 초는 오히려 거슬러서 선택하지 않았는데, 향기 시장이 커지면서 내가 좋아하는 향의 향초를 만날 수 있었다.

　방향 초를 가까이 한 지 한참이나 후에 디퓨저에도 관심이 생기기 시작했다. 외국 출장이나 여행을 갔을 때 좋아하는 장소마다 은은히 배어 있는 그곳만의 향기. 뉴욕에서 1년 살기를 하던 2007년, 브로드웨이 71번가의 스튜디오에 묵으면서 디자인이 좋은 부티크 호텔을 예약해서 하루씩 가서 머물곤 했다.

　언제적부터인지 호텔은 다만 잠자고 잠시 머물다 나오는 곳이 아니라 그곳에서 편히 쉬고, 그 호텔의 문화와 라이프스타일을 즐기는 곳으로 변해왔다. 디자이너인 내게 있어 호텔은 새로운 영감을 주는 장소로서 중요한 의미를 갖는다. 다운타운의 그래머시 파크 호텔Grammercy Park Hotel은 갤러리를 방불케 하는 아트 컬렉션을 보유한 다운타운의 부티크 호텔로 디자인에 민감한 내게 충격을 안겨준 곳이다.

　오뜨보헤미안 스타일의 그래머시 파크 호텔은 낡은 듯한 인테리어를 럭셔리하게 표현하는 아메리칸 빈티지 디자인의 정수를 보여주면서 요소요소에 데미안 허스트Demian Hurst, 앤디

위홀Andy Warhol 등 세계적인 거장들의 작품들로 공간을 완성시켰다. 주기적으로 장 미셸 바스키아Jean Michel Basquiat, 키스 해링 Keith Haring, 리처드 프린스Richard Prince, 조지 콘도George Condo, 줄리안 슈나벨Julian Schnabel의 작품들이 전시된다.

호텔로 들어서는 순간, 뉴욕의 소울을 담은 향수 브랜드 르 라보Le Labo에서 그래머시 파크 호텔을 위해 만든 '케이드 26Cade 26' 향기가 로비 가득 은은히 채워져 호텔 손님을 맞이한다. 호텔 로비의 벽난로를 영감으로 하여 연기가 자욱한 나무와 가죽 노트 특유의 향으로 호텔의 분위기를 한층 고조시켜준다. 고전적이며 강렬한 블루와 레드, 그린과 레드의 컬러 매칭, 무거운 벨벳과 카펫, 타피스트리 의자 등으로 압도될 만한 디자인의 룸에서도 르 라보의 향기가 품어져 있는 것은 역시 당연하다.

프랑스 파리의 편집숍 메르시Merci 1층의 가장 중심에는 에이솝Aesop이 자리잡고 있으면서 그들만의 향을 선보이고, 미국 뉴욕의 ABC 홈ABC Home 역시 1층 매장에 LCDC 디퓨저, 벨지안 리넨Belgian Linen 캔들 등 향을 전문적으로 취급하는 브랜드가 입점되어 그곳을 찾는 이들에게 향으로 기억되는 추억을 선사한다.

음식처럼 나는 향 또한 편식이 심하다. 좋은 말로 포장한다면 취향이 뚜렷한 것이라 하자. 최근 많은 브랜드에서 내보이는 꽃, 허브, 나무 등 다양한 향기 제품들 중에서 나는 나무 향에 끌린다. 삶은 달콤하거나 향기로운 것이 좋은데 향은 좀 거친 듯한 나무 향이 좋다.

내가 우리 집 공간을 위해 선택한 향은 오피신 유니버셀 불리Officine Universelle Buly의 알라바스트 스톤 디퓨저와 바이레도 Byredo의 프래그런스 캔들 우드다. 브랜드는 다르지만 나무 향 woody이 기본이다.

프랑스 브랜드 불리의 알라바스트 시리즈는 향을 품어줄 독창적인 디자인의 퇴적암, 세라믹 케이스와 7가지 향 중 하나를 선택하는 3종 세트로 구성된다. 푸른빛과 백색이 잘 어우러지는 디자인의 세라믹 상자에 군더더기 없는 사각 디자인의 퇴적암을 넣어서 사용하도록 되어 있는데, 나는 이 중에 스톤만 선택을 했다.

여기에 사용하는 오일은 사크르Sacre 향인데 삼나무, 소나무, 향나무 등의 나무 느낌으로 정신을 맑게 해주는 유향 향기가 난다. 심플한 세라믹 상자가 예쁘긴 하지만 내가 사용하고 싶은 방법이 따로 있다. 가지고 있는 대리석 플레이트 위에 두 개의 스톤을 겹치고, 오일을 뿌린 뒤 유리 돔으로 닫아둔다.

향초와 디퓨저는 서로 쓰임새가 다르다. 향초는 날이 어두

불리(Buly)의 스톤 디퓨저와 바이레도(Byredo)의 우드 캔들.

공간의 작은 오브제로도 좋을 뿐만 아니라 향기로 분위기를 살려주기도 한다.

워졌을 때 사용하고 딱 필요할 때 불을 붙였다가 언제라도 끄면 된다. 하지만 디퓨저는 잔향이 남기 때문에 향이 멈췄으면 할 때 바로 멈출 수 없다. 불리의 원래 세라믹 상자가 멈추고 싶을 때 뚜껑을 닫으면 되도록 배려한 디자인임을 잘 알고 있다. 이 뚜껑 대신 나는 좀 더 모던하고 내가 좋아하는 퇴적암 질감을 보여주는 유리 돔을 선택한 것이다.

바이레도는 예술적 감성과 럭셔리에 대한 조예가 깊은 스웨덴 스톡홀름의 디자이너 벤 고햄과 세계적인 조향사 올리비아 자코베티, 제롬 에피네트가 만나 탄생했다. 기억과 감정을 전달하는 것을 목표로 설립했다는 취지처럼 그들의 각 향기에는 창업자의 생각과 이야기가 담겨 있다.

우드woods는 스웨덴의 어디에서든 볼 수 있는 웅장한 나무들에서 영감을 받아 심플하고 아름다운 향으로 피워낸 것으로, 캔들의 왁스가 그들의 시그니처 블랙 왁스로 제작되어 깊이가 있어 보인다.

집 안에서의 향은 누구의 허락을 받지 않아도 되는 오롯이 내가 고를 수 있는 아이템이다. 나만의 공간에서 좋아하는 향기를 자유롭게 즐길 수 있다.

부엌과 다이닝룸

따 뜻 하 고   단 정 하 게

드그렌 화이트 도자기

나는 그릇을 살 때 최소한 같은 것을 8개 이상 산다.
의도적으로 다른 디자인을 섞어서 쓰는 것이라면 괜찮지만,
그릇이 모자라 섞어서 쓰는 것은 싫기 때문이다.
처음에 마련한 같은 그릇들이 하나씩 깨져서 그릇을 새로 사야 했을 때,
주로 앞접시로 쓰려고 고른 그릇이 프랑스 브랜드 드그렌이다.

수십 년 변함없는 선택,
백색 식기

요즘은 화이트의 심플한 도자기가 흔하게 많이 있고 많이 사용하지만 1988년 내가 결혼할 때만 해도 무늬가 없는 화이트 도자기 그릇을 찾기가 어려웠다.

나와 비슷한 나이의 분들은 기억하겠지만, 화이트 그릇이라면 도자기 그릇 겉면에 올록볼록하게 포도송이가 조각된 듯한 그릇이 유일했다. 그리고 결혼하는 신혼 살림에는 당연히 핑크색 꽃무늬를 선택해야 하는 분위기였다.

국내에서 화이트 도자기 등 모노톤의 살림살이를 살 수가 없어서 동경, 뉴욕으로 출장 갔을 때 살림살이를 사 가지고 와서 신혼 살림을 시작했다. 패션 디자이너에서 라이프스타일을 기획하는 디자이너로 전환하면서 론칭한 '전망좋은방'에서 무늬 없는 화이트 도자기를 선보이기 시작했다. 당연히 우리나라의 도자기 공장들에서는 적은 물량으로 도자기를 생산할 수가 없었고, 화이트 컬러에 무늬가 없는 도자기는 잘 팔리지 않는다는 인식 때문에 많은 물량을 생산할 수도 없는 상황이었다.

어쩔 수 없이 해외에서 화이트 도자기를 수입해왔는데, 이때는 대중적으로 가장 편하게 쓸 수 있는 디자인에 금액도 높지 않은 브랜드인 레볼Levol의 기본 라인 제품을 수입했다. 역시나 아무런 무늬가 없는 기본 스타일의 화이트 도자기는 판매가 되지 않았고, 내가 좋아하지는 않았지만 매출을 위해 판매가 잘 될 것 같아서 골랐던 해바라기 무늬가 요란한 제품만 아주 잘 팔려나갔다.

화이트 도자기는 재고로 남았고 해바라기 무늬는 리오더를 여러 번 해가며 수없이 판매가 되면서 나는 속이 상했다. 우리의 식탁이 요란스럽지 않고 세련되게 바뀌었으면 하는 나의 바람이 수포로 돌아갔기 때문이다.

우리의 식탁은 그릇만 무늬와 색상이 요란한 것이 아니라 주변의 다른 물건들도 색과 무늬들이 있어서 어수선해 보이기 일쑤였다. 색상이 강하거나 무늬가 강한 것들이 한 테이블, 한 공간에 모여 있으면 각각의 색이나 모양이 돋보이지 않기 때문이다. 음식의 색까지 더하니 차림새는 더욱 복잡해지게 된다. 그리고 5~6년이 지나 우리나라에 화이트 도자기가 알려지기 시작한 계기가 된 일이 있었다.

26cm 접시는 요리를 담는 용으로 많이 쓰이지만, 우리 집에서는 개인 앞접시로 가장 많이 사용된다.

당시 예쁘게 살림하기로 소문난 주부 방송인의 스타일 북을 내는 일에 내가 코디네이터로 참가했던 것. 그녀는 당시 이케아 화이트 도자기 그릇을 사용하고 있었는데 이 도자기는 '전망 좋은방'에서 수입하던 레볼 도자기와 거의 같은 형태로, 서양에서 가장 많이 쓰는 기본 스타일 그릇이었다.

우리는 의기투합하여 화이트 도자기가 잘 사용되고 있는 모습을 보여주는 데 주력했다. 다른 종류의 예쁜 그릇들도 많았고 그 외의 살림살이들도 화이트, 내추럴, 모노톤으로 사용하고 있어서 책에 가능한 많이 담아내고자 했다. 이렇게 만든 자연주의 살림법이란 콘셉트의 책은 순식간에 베스트셀러가 되었다. 저자 인지도가 워낙 높아서 당연히 좋은 반응을 예상했지만, 기대 이상의 관심을 모으며 라이프스타일 책으로는 이례적인 판매 기록을 달성했다.

이 책의 인기 덕분인지 사람들이 화이트 도자기를 찾기 시작했다. 하지만 국내 브랜드에는 화이트 도자기가 거의 없었고, 그때부터 국내에 브랜드들이 화이트 도자기를 생산해 판매하기 시작했다. 이제는 많은 사람들이 가정에서 혹은 식당에서 화이트 도자기를 쓰고 있는 걸 보면, 가끔 나는 이때의 일이 생각나곤 한다.

나는 그릇을 살 때는 최소한 같은 것을 8개 이상 산다. 의도

드그렌(Degrenne)의 쓰임새 많은 원형 화이트 접시(Module Blanc Plate, 26cm).

적으로 다른 디자인을 섞어서 쓰는 것이라면 괜찮지만, 그릇이 모자라 섞어서 쓰는 것은 싫기 때문이다. 처음에 마련한 같은 그릇들이 하나씩 깨져서 그릇을 새로 사야 했을 때, 주로 앞접시로 쓰려고 고른 그릇이 프랑스 브랜드 드그렌이다.

1948년 창립한 드그렌Degrenne은 복잡하지 않고 모던하고 심플하지만 독창적이다. 가정이나 레스토랑의 테이블에 조용하지만 아름다운 혁명을 일으키려는 목표를 가지고 있다. 기본 커트러리부터 테이블웨어, 글라스웨어, 키친웨어까지 다양한 주방용품을 선보이고 있으며, 그중에서도 수납력이 좋은 납작한 형태의 원형 화이트 접시는 단순하지만 아름다운 라인이 돋보이는 디자인이다.

우리 가족은 식사할 때 커다란 개인용 앞접시를 사용한다. 일단 작은 앞접시에 음식을 담으면 서로 다른 음식들이 섞여서 제맛을 유지할 수 없기 때문이다. 그래서 우리 셋이 식사할 때뿐만이 아니라 손님이 한두 명, 또는 여러 명 오더라도 앞접시는 되도록이면 큰 걸 사용한다.

예전에는 내가 테이블 위에 큰 앞접시를 세팅해두면 "앞접시가 이렇게 크지?" 하며 생소해하는 지인이 자주 있었다. 하지만 이제는 본인은 큰 걸 쓰지 않더라도 생소해하지는 않는다.

드그렌 접시가 앞접시로 좋은 이유는 그릇 가장자리로 턱이 없고 평평하기 때문에 음식에 있는 국물이 가운데로 모이지 않고 각각의 음식이 놓인 자리에서 제맛을 유지하기 때문이다. 지금 쓰고 있는 드그렌 도자기 접시를 구입할 때는 같은 것으로 8개가 아닌 다른 두 가지를 합해서 8개로 구입했다.

  거의 같은 형태이지만 가운데 동그란 선이 반복되어 있는 심플한 디자인이다. 똑같은 그릇을 세팅해 식탁을 심플하게 연출하는 것도 좋지만, 형태는 같은데 동일 색상으로 패턴이 있는 것을 믹스해서 변화를 주는 것도 좋다.

킨토 와인 글라스

킨토의 유리 제품들은 일본 특유의 군더더기 없는
디자인에 이중구조로 된 형태가 특히 눈에 띈다.
마치 컵 안의 음료가 공중에 떠 있는 듯한 이중 내열 글라스로
보온, 보냉 효과가 뛰어나다. 잔의 아래 부분이 볼록해
토성의 고리를 연상시키기도 하고 그립감도 좋다.

와인의 멋과 맛을
담아내다

나는 술을 좋아한다. 와인을 가장 좋아하지만, 어울리는 안주가 있다면 소주, 정종도 즐겨 마신다. 나는 거의 매일 저녁 반주를 한다. 누구와 함께하지 않는다면 혼자서 마신다. 요즘 말로 '혼술'이 유행하기 전부터 그랬다.

    나뿐만이 아니라 남편과 아들도 마찬가지로 저녁식사 때 꼭 반주를 하는 음주 가족이다. 특히 남편은 술잔에 대해서 특별한 철학을 가지고 있다. 술잔은 꼭 유리잔이어야 하고 술마다 잘 맞는 유리잔이어야 술맛이 좋다고 강력히 주장한다. 그러니 우리 가족에게 술잔은 참 중요한 아이템이다. 특히 와인잔의 경우 우선 형태가 예뻐야 하고, 술이 채워졌을 때 더욱 빛나도록 투명해야 하며, 바라만 보고 있어도 술맛을 더해주는 디자인 요소가 만족했을 때 비로소 우리 집 선반에 입성할 수 있다.

    여타 살림살이는 점점 줄이고 버리면서 간편한 미니멀 라이프를 실천하고 있지만, 와인잔이나 위스키잔 등 유리잔은 종류별로 가지고 있다. 우리가 아파트에 살 때는 와인잔을 종류별로 8개씩 정도만 가지고 사용을 했는데, 단독주택으로 이사한 후 집에서 집들이 겸 파티가 여러 번 있었고 많은 친구들이 한꺼번에 오곤 했기 때문에 부득이 수십 개의 와인 잔이 필요하게 되었다. 비싸지 않은 저렴한 것으로 와인 맛을 더 좋게 할 만한 큼직하고 긴 와인 잔 60개를 주문해서 사용하기 시작한 것이다. 하지만 이 60개의 와인 잔은 5년 정도가 지나 10개도 채 남지 않았다.

아무리 조심한다고 하지만 테이블 위에서 실수로 깨기도 하고 가늘고 긴 모양 때문에 친구들이 설거지를 하다 하나씩 깨트리기도 하고 당연히 나도 중간중간 하나씩 깨트리다 보니 결국은 그 많던 와인 잔이 이렇게나 줄었다. 그 후에 손님 접대용으로는 사이즈는 크지만 설거지할 때 손이 쉽게 들어가는 넓은 것으로 새로 구입했다.

술잔을 중요하게 생각하는 내가 혼자 술을 마실 때 가장 많이 사용하는 잔이 킨토 와인잔이다.

1972년 일본 시가현에서 창업한 디자인 주방용품 브랜드 킨토Kinto는 키친웨어나 테이블웨어뿐 아니라 인테리어 잡화, 그

중에서도 최근 친환경 이슈로 주목받는 개인용 텀블러로 이미 많은 마니아층을 갖고 있다.

킨토의 유리 제품들은 일본 특유의 군더더기 없는 디자인에 이중구조로 된 형태가 특히 눈에 띈다. 마치 컵 안의 음료가 공중에 떠 있는 듯한 이중 내열 글라스로 보온, 보냉 효과가 뛰어나다. 물론 잔의 아랫부분이 볼록해 토성의 고리를 연상시키기도 하고 그립감도 좋다.

이 와인잔은 스템(손잡이 부분)이 없어서 그냥 보기에는 물잔이나 볼에 가까워 보인다. 와인잔에 대한 고정관념을 벗어난 디자인인데, 내가 이 잔을 구입해 쓰고 나서 스템이 없는 와인잔이 새롭게 눈에 띄고 있다. 스템이 없는 와인잔의 형태는 보통 물잔과 비교해서 밑바닥 부분이 넓고 위로 올라갈수록 좁아지는 모양이다. 스템이 있건 없건 와인잔은 향을 품고 있어야 하기 때문이다. 스템이 없는 와인잔은 전통적인 것을 추구하는 와인 전문가나 와인 애호가들에게는 비판을 받는 부분도 있으나 와인잔을 매일, 게다가 여러 개를 씻어서 물기 없이 깨끗하게 닦아 보관해본 사람이라면 다른 생각이 들 수도 있을 것이다.

보통 스템이 길고 가느다란 전통적인 와인잔의 기능적 목적이 손의 열기가 와인에 영향을 끼치지 않도록 하는 것인데, 이 제품은 내부 공간이 분리된 이중구조이기 때문에 스템 없이 손

손잡이가 없는 잔이라도 술이나 음료 등을 마실 때 더 편하게 사용할 수 있다.
킨토(Kinto), 크로노스(Kronos) 와인 글라스, 지름 8cm, 높이 8cm, 용량 250ml.

에 들고 마셔도 와인의 향이나 맛에 나쁜 영향을 끼치지 않는다. 킨토 와인 글라스는 와인의 맛을 한층 살려주고 마음의 평안함까지 느끼게 한다.

단지 와인뿐 아니라 소주를 마실 때는 더 유용하다. 나는 집에서 소주를 마실 때는 얼음을 넣고 레몬, 라임 등 넣어서 온 더락 칵테일로 마시는데, 이때도 물이 바닥에 고이는 번거로운 일이 없다. 이중구조이기 때문에 얼음이나 차가운 음료를 넣어도 표면에 물방울이 맺히는 결로현상이 없어 손이나 테이블이 젖지 않으니 위스키, 보드카 등 얼음과 함께 마시는 술잔으로는 더 이상의 것이 없다. 얼음이 녹으면서 술잔 밖으로 녹아 흐르는 물은 컵 받침만으로 해결되지가 않는다.

딱딱한 재질의 컵 받침인 경우에는 컵을 들 때 컵 받침이 딸려 올라오다가 아래로 떨어져서 곤란한 경우를 겪어봤을 것이다. 얼음을 넣은 차가운 액체가 들어 있는데 물방울이 맺히지 않아 깔끔한 것만으로도 톡톡한 구실을 하는 것이 만족스럽다. 그러다 보니 여름이면 집에서 매일 마시는 커피와 티도 이 잔을 사용하게 된다. 정말 깔끔하게 얼음을 넣은 음료를 마실 수 있으니 마실 때 주변이 정갈하게 유지가 되고, 손에 물기가 묻지 않으니 잔을 잡았다 놓을 때마다 티슈로 닦을 필요가 없다.

잔의 입구가 적당히 넓고 높이가 적당해서 술잔으로 사용하지 않을 때는 올리브나 견과류, 치즈 등 안줏거리를 담기 내기에도 좋고 요거트, 아이스크림 같은 디저트를 담아도 보기에 좋으니, 그야말로 유리잔 계의 만능 재주꾼이다.

    이렇게 쓰임새가 많은 킨토 와인잔은 연약하고 길다란 외형의 클래식 와인잔과는 다르게 뜨거운 물 사용 가능, 전자레인지 사용 가능, 식기세척기 사용 가능하니 이 또한 혼술을 즐기려는 사람들의 부담을 덜어준다. 킨토 크로노스 시리즈는 에스프레소 컵, 티 컵, 커피 컵, 아이스티 글라스, 샴페인 글라스까지 닮은 듯 다른 형태로 다양하니 아예 시리즈로 장만해서 나만의 즐거운 테이블 데커레이션을 완성해도 좋다.

비알레띠 모카포트와
일리 에스프레소 컵

브로드웨이 71번가의 스튜디오(따로 룸이 없는 원룸)에는
기본적인 살림살이가 거의 구비되어 있었지만,
근처 가게에 들러 모처럼의 한가한 시간을 한껏 누릴 수 있는
앙증맞은 디자인의 비알레띠 익스프레스 에스프레소 머신과
일리의 에스프레소 컵앤소서를 샀다.

오래 전,
뉴욕에서의 1년

디자이너로 일한 40년 동안, 여행만큼은 남들 부럽지 않게 했다. 회사의 연수와 출장, 여행 등 여러 가지 이유로 외국에서 짧게는 한두 달, 길게는 1년을 지냈다. 긴 시간이 아니라도 타지에서 일정 기간을 지내려면 최소한의 살림살이들이 필요하다. 머무를 집을 구할 때 가능하면 가구나 살림살이가 비치된 곳을 고르려고 하지만 비치된 물건들이 모두 맘에 드는 것이 아니니 꼭 필요한 것들은 구입해서 쓰다가 버리고 오곤 했다.

 침구류, 타월은 내가 쓸 것을 사서 써야만 산뜻하게 지낼 수 있었지만 주방에 있는 도구나 그릇들은 있는 것을 활용했다. 돌아올 때 짐이 되니 버리기도 아깝고, 가져오려면 짐이 너무 많아지기 때문이었다.

 40대 중반에 뉴욕에서 1년을 살았다. 직장인으로서의 삶을 정리하고 새로운 일을 계획할 때였다. 긴 휴가가 필요했다. 1년을 렌트한 브로드웨이 71번가의 스튜디오(따로 룸이 없는 원룸)에는 기본적인 살림살이가 거의 구비되어 있었다. 하지만 그래도 사야 할 건 있었다. 로망 같은 것이랄까. 외국에서 혼자 지내다 보면 특별히 바쁠 일 없는 아침 시간을 가능한 한 가장 여유롭게 즐기고 싶었다. 나는 근처 가게에 들러 모처럼의 한가한 시간을 한껏 누릴 수 있는 앙증맞은 디자인의 비알레띠 익스프레스 에스프레소 머신과 일리의 에스프레소 컵앤소서를 샀다.

1933년부터 시작되어 오랜 전통을 가진 모카포트의 대표적인 브랜드 비알레띠Bialetti는 가정용 에스프레소 커피메이커로 유럽 전역에서 가장 인기 있는 이탈리아의 국민 브랜드이다. 비알레띠의 모카 익스프레스는 MoMA와 밀라노의 트리엔날레 디자인 뮤지엄에 영구 컬렉션으로도 전시되어 있다.

다양한 컬러와 디자인의 모카포트 중에서 내가 선택한 것은 평범한 디자인에서 좀 변형되어 양쪽에서 커피가 나오는 수도꼭지 형태의 관이 있다는 것이 특징이다. 자동 머신이 편하긴 하겠지만 이 작은 모카포트가 방 안에서 아기자기하게 혼자 즐기는 시간을 더 여유롭게 만들어줄 것만 같았다. 게다가 부피가 작아서 돌아올 때 버리지 않고 가지고 올 수 있다는 생각에 더 반가웠다.

그리고 함께 구입한 에스프레소 컵앤소서Espresso Cup& Saucer는 이탈리아 커피 브랜드인 일리illy에서 구입했는데, 용도에 알맞게 적당한 사이즈의 작은 크기지만 세라믹이 꽤 두꺼워서 무게감이 느껴졌다. 건축가이자 디자이너인 마테오 턴Matteo Thun이 디자인한 컵으로 한 잔의 완벽한 커피를 위해 커피의 양, 직경 그리고 입이 닿을 때 느껴지는 컵의 재질까지 세심한 계산으로 완성된 제품이다.

두꺼운 두께의 잔은 커피의 따뜻한 온도를 오래 유지시켜 주는 특징이 있다. 내가 생각하는 가장 아름다운 컬러인 화이트 도자기 잔은 커피 맛을 더욱 깊이 있게 담아내는 것 같았고, 뉴욕에 머물면서 아침에 설탕을 살짝 넣은 에스프레소 한 잔을 즐기기에 손색없었다.

내가 이 머신과 이 커피잔을 세트로 쓰면서 더 좋았던 점은 별도의 알루미늄 플레이트가 부착된 모카포트 위에 올려두고 커피가 추출되는 동안 커피잔이 뜨겁게 데워져서 커피를 즐기는 동안에도 온기가 지속되는 시간이 꽤 길다는 점이었다. 날씨가 추울 때는 이 따뜻한 온기가 마음까지 푸근하게 해주는 효과가 있다.

하던 일을 잠시 멈추고 떠난 뉴욕 맨해튼에서의 1년은 지금 생각해도 나의 지나온 인생 중 참 잘한 일 중 하나라고 생각

비알레띠 미니 익스프레스(Bialetti Mini Express),
기로 8cm, 높이 21.5cm, 용량 90ml

일리 에스프레소 컵앤소서(illy Espresso Cup & Saucer).
컵: 가로 6.3cm, 높이 5.1cm 소서: 가로 14cm, 높이 1.8cm

한다. 그리고 작은 소품 하나지만 이 머신 하나가 매일 아침의 여유를 내게 주었다. 특히 비가 오거나 눈이 오거나 날씨가 궂은 날 등 외출을 뒤로 미루고 커피 한 잔을 한가롭게 즐길 수 있는 기억에 남는 시간을 만들어주었다.

발뮤다 토스터

처음 발뮤다 토스터의 마치 전설과도 같은
소문을 들으며 토스터가 다르면 얼마나 다를까
'설마' 했던 마음은 완전히 바뀌었다.
지금은 우리 집 작은 주방 공간에 아름답게 자리잡고,
입맛까지 만족시켜주는 기특한 물건이다.

입소문은
거짓이 없다

아나운서이자 방송인으로 활동하는 윤영미의 인스타그램에서 발뮤다의 여러 제품 사진과 함께 만족도 높은 사용 후기들을 자주 보곤 했었다. 잘 알려진 커피머신, 토스터, 전자레인지 외에도 선풍기, 전기포트, 서큘레이터 등 생각보다 제품도 다양했다.

나와는 20년 넘게 친한 언니, 동생 사이로 지내는 윤영미 아나운서는 잘 꾸며진 공간과 좋은 디자인의 물건을 좋아하는 취향이 나와 아주 잘 맞는다. 우리는 서로 공간과 물건에 대한 이야기로도 긴 시간을 보낼 정도다.

얼마 전 그녀가 제주도에 세컨드 하우스인 '윤영미의 무모한 집'을 완성하고 나서 내게 집 정리 및 수납을 도와 달라고 부탁을 했다. 나는 기꺼이 3박 4일 일정으로 제주도로 날아갔다. 하루 정도 집을 정리하고 수납하고 나서 나머지 날은 좋은 곳을 다니며 제주 여행을 하기로 했다.

내가 무모한 집에 도착하자마자 우리는 함께 정리와 수납을 하기 시작했고 다음 날도 그 다음 날도 집 꾸미기에 집중한 채 여행을 하러 나가지 않았다. 여행보다 예쁜 집을 완성시키는 것이 우리에게 더 중요한 일이었나 보다. 이후 우리는 잘 정리된 공간에서 일과 놀이 그 어디쯤의 시간을 즐겼다.

우리는 멋지게 완성된 공간에서 발뮤다 커피머신으로 뽑은 커피를 마시며 발뮤다 토스터에서 갓 나온 따뜻한 빵을 먹었다. 발뮤다 블루투스 스피커로부터 흘러나오는 음악을 들으며 아침을 시작했다. 집에서 이야기 나누는 시간이 여유롭고 즐거웠다.

일명 '죽은 빵도 살려낸다'는 발뮤다 토스터는 일단 디자인이 좋다.

나는 모든 전자제품을 수납장 안에 넣어두고 쓴다. 내가 보기에 전자제품은 잘 보이는 곳에 꺼내두고 쓰는 장식이 되는 물건이 아니었다. 아주 특별히 내어놓고 쓸 수 있는 전자제품이 있기는 하지만, (예를 들면 스매그 냉장고 라든지 밀레 오븐 등) 이런 것들은 가격이 꽤 비싸다. 그래서 나는 그 정도로 근사한 디자인이 아닌 주방 전자제품은 가성비 좋은 것을 선택해서 수납장 안에 넣어두고 사용한다.

군더더기 없는 심플하고 모던한 디자인으로 공간을 살려주는 발뮤다 토스터.

그런데 발뮤다는 예쁘면서 과하게 비싸지는 않다.

물건에 호기심이 많은 나는 처음엔 예쁘면서 성능까지 대단하다는 소문에 빵의 겉바속촉을 위해서 어떻게 수분이 공급되는지 기존에 가지고 있던 토스터와 어느 정도 차이가 있는지 궁금했다.

마침 친구 집에 발뮤다 토스터가 있는 것을 보고 참지 못하고 빌려왔다. 그리고 내가 가지고 있는 토스터와 비교하며 테스트를 했다. 발뮤다 토스터가 발매된 이후 비슷한 모습과 성능의 토스터가 많이 나와서 그냥 보면 비슷하다고 보일 수도 있지만 디자인이라는 것은 마지막 한 점, 한 끗 차이로 그 완성도가 다 같지 않다.

발뮤다 토스터의 디자인은 모던하지만 부드럽다. 외곽선의 직선과 곡선이 잘 어우러지며 재질도 반질반질하지 않고 약간의 모노톤에 다이얼은 간결하고 글자 폰트와 색상도 예쁘다. 수분 공급을 위해 물을 붓는 입구도 편리하게 되어 있다. 리뉴얼된 일체형 버튼은 플러그를 뽑지 않아도 30초간 조작이 없으면 자동으로 전원이 차단되니 제품의 수명도 길어지고 전기도 절약될 것이다. 또 하나 아주 작은 부분이지만 수분을 공급하는 5cc짜리 세라믹 재질의 컵에는 자석이 부착되어 있다. 토스터 옆면에 붙여두면 앙증맞아 보이고 작아도 잃어버리지 않는다. 비슷하게

발뮤다(Balmuda) 토스터의 심플한 외관과 자석 처리되어
잃어버릴 걱정 없는 자그마한 컵. 가로 35.8cm, 세로 32cm, 높이 20.8cm

만든 토스터들은 이 작은 컵의 재질이 플라스틱이어서 비슷한 듯 느낌이 많이 다르고 자석도 부착되어 있지 않다.

발뮤다 CEO 테라오겐은 17세에 고등학교를 중퇴하고 스페인과 이탈리아, 모로코 등의 지중해 연안을 따라 약 1년간 혼자 여행을 한다. 일본에서 시작한 여행의 끝은 스페인의 론다 지방이었는데 긴 여정 때문인지 피곤하고 몹시 배가 고팠다. 마침 길모퉁이에서 나는 향긋한 냄새에 이끌려 작은 베이커리로 갔고 막 구워진 빵을 한 입 베어무는 순간 긴장과 피로, 희망과 불안의 감정들이 뒤섞여 눈물이 쏟아져 나왔다고 한다. 1991년, 스페인 시골에서의 그 작은 빵, 그리고 그 향과 맛이 발뮤다 토스터를 만들게 된 계기가 된 것이다.

그리고 2014년 5월, 아침부터 기록적인 폭우가 내린 날이었다. CEO 테라오겐과 발뮤다 직원들이 폭우 속에서 바비큐 파티를 하던 중이었다. 모두 흠뻑 젖은 고기를 구워 먹으며 즐거운 시간을 보내던 그때, 항상 새로운 생각과 방식에 관심이 높은 개발팀이 사무실에서 먹던 식빵을 가져와 고기를 굽던 숯불에 빵을 굽기 시작했다. 그 빵은 겉은 바삭하며 속은 수분이 충분히 남아 촉촉하게 구워진 완벽한 토스트가 되었다. 그들이 바비큐 파티 때 구워 먹었던 토스트 맛을 재현하기 위해서 많은 실험과

시행착오를 거듭하던 중 누군가의 "그날 엄청난 비가 내리지 않았나요?"라는 질문에서 바로 그 잊을 수 없는 토스트 맛의 비결이 '수분'이라는 것을 발견한다. 이것이 발뮤다 토스터를 만들게 된 결정적 계기가 되었다고 한다.

처음 발뮤다 토스터의 마치 전설과도 같은 소문을 들으며 토스터가 다르면 얼마나 다를까 '설마' 했던 마음은 완전히 바뀌었다. 지금은 우리 집 작은 주방 공간에 아름답게 자리잡고 입맛까지 만족시켜주는 기특한 물건이다.

카르텔 바티스타 테이블

모던한 라이프스타일에 잘 맞는 바리스타 테이블은
긴 하루 끝, 거실이나 테라스에서 와인 한 잔,
특별한 날의 칵테일 파티에 꽤 유용한 이동식 테이블이다.
뷔페 스타일 디너, 칵테일 사이드 테이블,
늦은 주말 아침의 브런치 테이블로도 활용할 수 있다.

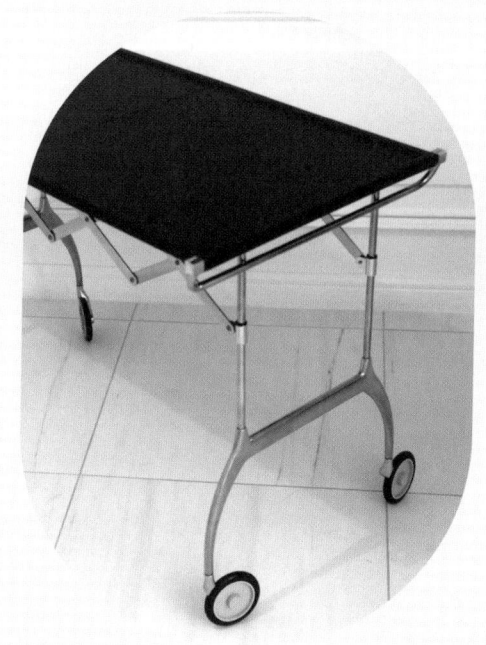

트롤리의 변신은
무죄

전수경은 음악감독이다. 나와 나이 차이가 스무 살이나 나는 동생이지만, 우리는 친구처럼 지낸다. 사실 나는 패션 디자이너로 시작해서 라이프스타일 디자이너로 일하기까지 40년 동안 항상 최신 트렌드를 이끌며 영향력 있는 활동을 해왔다. 내가 감각 면에서 앞서는 일을 했고 내 영향을 받는 후배들이 많아서 즐거웠다. 그런데 나이가 들어갈수록 내 주변에 나보다 더 감각 있고 훌륭한 후배들이 나타나곤 했는데, 나는 그런 상황들이 좋았다. 세월은 흐르고 시대는 변하는 거니까 훌륭한 감각의 후배들이 있으면 나도 배우고 함께 발전해나가는 계기가 되곤 한다.

그런 후배 중에 단연 손꼽는 친구가 전수경이다. 그녀는 본업인 음악감독으로서의 활약은 당연하지만 패션이면 패션, 요리면 요리, 푸드 스타일링, 테이블 데코레이션, 집 꾸미기, 정원 가꾸기, 하다못해 플라워 데코레이션까지 그야말로 팔방미인이 따로 없다.

　주변에 지인들은 가끔 나에게 슬쩍 묻곤 한다. 진짜 그렇게 다 잘하냐고, 직접 하는 거 맞냐고. 맞다. 그녀는 직접 한다. 그리고 다 잘한다.

　우리의 인연은 6년 전으로 거슬러 올라간다. 처음 그녀의 집에 초대받아 갔을 때 나도 주방 안에 두 명 정도 도우미가 있어서 한 명은 요리를 해주고 한 명은 치워주는 줄 알았다. 그런데 그녀는 요리를 직접 준비했고 완성된 요리를 차례로 내오며 사이사이 앉아서 와인 마시며 함께 이야기를 나누었다. 그리고 다음 요리를 내와야 하면 얼른 일어나 주방으로 가서 빠른 시간에 다음 요리를 내오고 다시 앉아서 이야기를 나누었다. 신기했다. 어떻게 이렇게 완벽할 수가 있을까.
　자주 만나며 느낀 건, 그녀는 감각이 있으면서 손도 빠르다는 것. 본인의 집에서뿐 아니라 우리 집에 놀러 와서도 주방에서 나보다 더 빠르게 안주들을 내오곤 한다. 우리 집 아닌 다른 곳에서도 친구의 주방 일이 서툴다 싶으면 바로 앞치마를 하고 나서서 있는 재료로 근사한 안주를 내어준다. 나보다 훨씬 어린 친구지만 건강하게 일하며 살림하며 아이 키우며 진취적인 삶을 살아가는 그녀를 나는 좋아하고 응원한다.

집 안 어디에서나, 언제나 가볍게 즐길 수 있는 와인 트레이로 활용되는 바리스타 테이블.

그녀의 집은 멋지다. 인테리어와 가구 배치, 소품 등이 하나하나 감각적으로 잘 어우러져 가족의 라이프스타일이 잘 깃들여져 있다. 지인들은 그녀의 집에 처음 초대받아 가면 누구나 놀라고 만다. 처음 현관문을 들어서 거실로 다가가면 바로 카르텔 브랜드의 바티스타 테이블이라는 명칭의 서빙 트롤리Serving Trolley 위에 본인이 직접 꽂은 감각적인 꽃과 함께 아름다운 웰컴 드링크가 차려져 있다. 때로는 샴페인이, 때로는 칵테일이 멋진 데커레이션과 함께 올려져 있어서 방문 첫인상부터 탄성을 자아내게 하며 분위기를 끌어 올린다.

이럴 때 바리스타 테이블Battista Table이 한몫을 하는데 이 트롤리를 이렇게 잘 활용하는 것은 보통 감각이 아니다. 좋은 디자인의 트롤리라는 것은 우리가 잘 알고 있지만 한쪽에 자리잡고 있는 것이 아니라 항상, 잘, 센스 있게 활용하고 있는 것이다.

모던한 라이프스타일에 잘 맞는 바리스타 테이블은 긴 하루 끝, 거실이나 테라스에서 와인 한 잔, 특별한 날 함께하는 사람들과의 칵테일 파티에 꽤 유용한 이동식 테이블이다. 작업실, 거실, 라운지, 침실, 테라스 등 다양하게 어느 공간에서나 자유자제로 이동이 가능할 뿐 아니라 좁은 공간에도 편리하게 보관이 가능한 접이식이다. 손님이 왔을 때 뷔페 스타일 디너, 칵테일

카르텔(Kartell), 안토니오 치테리오(Antonio Citerio),
바리스타 서빙 트롤리, 가로 100cm, 세로 54cm, 높이 89cm.

사이드 테이블, 늦은 주말 아침 침실에서 즐기는 브런치 테이블로도 활용할 수 있다. 매트한 마감의 플라스틱 상판과 크롬 도금 프레임으로 모던함과 함께 내구성까지 놓치지 않았다.

이 제품을 탄생시킨 장본인은 20세기 이탈리아 대표 산업디자이너 중 한 명인 안토니오 치테리오Antonio Citterio로, 카르텔을 비롯해 세계적인 브랜드인 아르테미데, 마지스 등을 통해 명성을 쌓아왔다. 산업디자인 분야 세계 최고 권위의 이탈리아 황금콤파스 대상을 두 차례나 수상하는 등 수많은 디자인 수상작과 베스트셀러를 양산한 그는 '세계 3대 가구 디자이너'라고 불리며 그가 선보인 작품들은 지금도 월드와이드 밀리언셀러를 기록하고 있다.

카르텔Kartell은 1949년 줄리오 카스텔리Giulio Castelli가 설립한 가구 브랜드로 1964년 세계 최초의 플라스틱 의자를 만들며 '플라스틱 가구의 명품화'를 이끈 주역으로 성장했다. 1960년대에 메이드 인 이태리Made in Italy로서 내구성과 확실한 품질을 바탕으로 전 세계에 입지를 굳히며 평범하고 폄하되었던 플라스틱의 인식을 독특한 디자인과 화려한 색감의 감각적인 디자인으로 변화시키며 세계적으로 유명한 디자이너들과 협업하여 새로운 제품을 선보여왔다.

이 바티스타 테이블이 바로 카르텔과 안토니오 치테리오가 협업한 작품이다. 카르텔은 플라스틱 의자를 최초로 만들었지만 이후 소재 연구에 몰두하여 스마트 우드, 생분해, 재활용 연구로 지속 가능성을 실현하는 노력을 계속하고 있다.

르크루제 냄비와 프라이팬

나는 르크루제 냄비를 사서 써야 하는 핑계를 만들어냈고 시그니처 냄비 시솔트 컬러를 선택했다. 예상했던 것처럼 우리 집 저녁 식탁에는 안주가 담긴 르쿠르제 냄비가 인덕션에 올려져 있었으며, 가족이 함께하는 저녁식사는 밤까지 곧잘 이어지곤 했다.

무거움은
참을 수 있다

나는 사실 본격적인 은퇴를 한 얼마 전까지 거의 음식을 하지 않았다. 결혼 초에는 직장을 다니면서도 음식을 해서 먹을 줄 알고 당시에도 꽤나 값나가는 혼수품이였던 WMF냄비와 프라이팬, 압력밥솥까지 세트로 샀는데 30년 동안이나 무용지물이 되었다. 일하고 돌아와 아이 돌보고, 갓 지은 밥에 반찬까지 부지런히 만드는 슈퍼맘이 아니었고, 그렇게 되기 위해 내 자신을 완전히 희생하는 것도 싫었다.

나는 직장과 아이 돌보는 것은 포기할 수 없으니 요리하는 것을 포기했다. 요리 잘하는 도우미와 수시로 제공되던 시어머니와 친정엄마의 반찬에 그렇게 아쉬움은 없었다. 그러니 비싸고 좋은 냄비라도 보기만 좋을 뿐 쓰임새가 별로 없었다. 압력밥솥은 거의 한번도 사용하지 않은 것 같다.

그렇게 요리와는 친하지 않은 채로 오랫동안 살다가 지금의 주택으로 이사하고 5년쯤 뒤에 사용하고 있던 가스레인지를 없애고 인덕션으로 교체했다. 이때도 요리를 자주 해서는 아니었고 보기에 좋은 디자인인 데다 주방을 깔끔하게 유지할 수 있다는 장점 때문이었다. 인덕션으로 교체하니 주방이 더욱 맘에 들었다.

그런데 문제가 발생했다. 가지고 있던 비싸고 좋은 WMF냄비와 프라이팬 세트가 무려 30년 이상 지난 옛날 제품이라 인덕션에서 사용할 수가 없었다. 낭패였다. 내 물건에 대한 집착 때문에 아무 것이나 사고 싶지는 않았지만 이미 멋진 인덕션에 적지 않은 비용을 투자했는데 냄비와 프라이팬까지 새로 사자니 부담이 되었다. 그다지 요리도 하지 않으면서 그래야 하는지 고민이 되기도 했다.

일단 당장 사용해야 하니 적당한 선에서 냄비와 프라이팬을 한 세트 구입해서 사용하기 시작했다. 그렇게 사용하기를 2~3년, 예전부터 60세가 되면 일에 집중하지 않고 좀 더 자유롭게 살고 싶었는데 사업 시작한 지 12년 만인 60세 되기 한 달 전, 생각해 오던 대로 사업을 정리했다. 그리고 시간 여유가 생기면서 집에 머무르는 시간도 많아지자 차츰 요리에도 관심이 생기기 시작했다. 조금씩 요리를 하다 보니 임시로 샀던 냄비와 프라이팬으로는 성에 차지 않았다.

긴 세월 동안 유럽, 미국 등 출장이나 여행을 다니면서 현

음식을 만들어내는 기능도 훌륭하지만 모던한 공간, 내추럴한 공간 등 어디에서나 잘 어울리는 디자인이다.

지 레스토랑에서 보았던 두툼한 무쇠주물 정도면 생각해볼 만했다. 프랑스 대표적인 홍합 레스토랑 레옹에서 보았던 주물냄비가 내 마음을 흔들었다. '아, 이런 냄비면 테이블 위에서 오랫동안 온도가 유지되는구나'라는 아주 단순한 생각에서 시작되었지만 우리 집 저녁 시간에는 꼭 필요했다.

우리 가족은 모이면 둘이든 셋이든 꼭 술 한잔을 기울이는데, 그러다 보면 식사 시간이 길어져 최소한 두세 시간을 함께 먹고 마신다. 그래서 항상 어떤 음식이든 결국에는 안주가 되고, 인덕션이나 가스버너를 테이블 위에 올려놓고 안주 삼아 오래 먹게 된다. 그런데 어떤 음식은 계속 끓이지 않고 온기만 유지되면 좋은 것들이 있다. 우리 집에 이 주물냄비가 있어야 하는 이유였다.

나는 요리를 잘하지는 않지만 요리를 주제로 한 영화를 아주 좋아한다. 그중 특히 더 흥미롭게 본 영화는 프랑스 파리를 배경으로 한 〈줄리 앤 줄리아〉와 프랑스 남부 시골 마을 배경의 〈로맨틱 레시피〉이다. 이 영화를 재미있게 보며 '내가 동경했던 냄비를 사도 될 때가 되었다'고 스스로 부추겼다. 두 편의 영화 모두 프랑스 전통 냄비요리인 비프브루기뇽을 르크루제 시그니처 냄비에 담아냈다.

〈로맨틱 레시피〉속 하산의 메뉴에는 르크루제 블루 컬러가, 〈줄리 앤 줄리아〉에서는 르크루제 오렌지 컬러가 등장한다.

르크루제(Le Creuset)의 북유럽 컬렉션 시그니처 원형 냄비(18cm)와 시그니처 스칼렛 프라이팬(20cm).

특히 이 영화에서는 줄리가 동경하는 줄리아의 냄비와 같은 것을 사용했는데, 그녀의 주방이 그대로 재현되어 있는 뮤지엄 가스레인지 위에도 영화에 등장했던 오렌지 컬러의 르크루제 시그니처 냄비가 놓여 있었다.

'그래, 르크루제!'라고 속으로 외치며 나는 르크루제 냄비를 사서 써야 하는 핑계를 만들어냈고 시그니처 냄비 시솔트 컬러를 선택했다. 예상했던 것처럼 우리 집 저녁 식탁에는 안주가 담긴 르쿠르제 냄비가 인덕션에 올려져 있었으며, 가족이 함께하는 저녁식사는 밤까지 곧잘 이어지곤 했다.

1925년 프랑스 북부의 작은 마을 프레누아 르그랑에서 시작된 르크루제Le Creuset는 전통적인 프랑스 무쇠주물 기법으로 만들어져 열을 잘 흡수하고 고르게 전달한다. 이렇게 순환되는 열이 재료 속을 익혀 음식 고유의 풍미와 영양소를 지켜주기 때문에 국, 찌개, 조림, 등 웬만한 요리에 모두 사용할 수 있다.

나는 다만 온기를 품고 있는 것만으로 만족할 수는 없었다. 차츰 시간이 지나면서 냄비 특성을 잘 살려 할 수 있는 요리도 하나씩 해보니 새로운 요리와 기능에 재미도 하나둘씩 생겨났다. 요리를 좋아하는 아들과 함께여서 더 행복했다.

여러 가지 요리 중에서 특히 스테이크를 잘 굽는 아들은 프라이팬에 예민하다. 쓰고 있는 팬의 코팅이 벗겨지기 시작하면 나는 이것저것 좋아 보이는 프라이팬, 심지어 전기 프라이팬까지 권해보았으나 아들은 이것들을 모두 은근히 밀어내놓고 늘 사용하던 코팅 프라이팬만을 고집하고 있었다. 집에 있는 것 중 가장 묵직한 금속이라서 그나마 가장 낫다고 하면서 내가 권하는 다른 팬들은 얇아서 안 된다는 거였다.

"좋아. 이것도 아니야?"라고 은근히 과시하며 르크루제 프라이팬 중 시그니처인 스칼렛을 내밀었다. 아들은 사용하고 싶지 않은 도구들은 '좋다, 안 좋다' 코멘트 없이 그냥 옆으로 밀어놓고 쓰던 것을 계속 쓴다. 그런데 당첨됐다. 아들이 쓰던 프라이팬을 뒤로 하고 이 스칼렛 팬을 쓰기 시작했고 만족해하며 계속 쓰고 있다. 아들은 '고기는 두꺼운 금속 주물 프라이팬에 구워야 한다'는 지론을 갖고 있다. 주로 무채색 위주인 우리 집 살림살이에 아들용 르크루제 스칼렛 팬은 캐리비안 블루로 선택했다.

르크루제는 뛰어난 내구성과 아름다움 덕분에 '3대가 물려쓰는 유산'으로 불린다. 나는 이제 사용한 지 얼마 되지 않았지만 훗날 나의 르크루제에 어떤 이야기가 담길지 기대한다. 음식은 곧 사람이니, 가족과 지인들과 술안주 앞에 놓고 나눈 재미있는 이야기가 또 쌓여 있지 않을까.

브레빌 샌드위치 프레스

나는 남편에게 아침식사를 각자 해결하자고 제안했다.
처음 남편은 나의 제안을 엉뚱하다고 생각하는 듯했지만,
나는 매일 아침 남편의 아침식사를 준비하는 부담을
남은 평생 갖고 싶지 않았다. 남편의 간단한 아침식사
준비를 위해 마련한 것이 브레빌 샌드위치 프레스다.

남편의 아침 준비는
간편할수록

요즘은 남자와 여자의 구분 특히 결혼 후 남편과 아내의 일에 대한 구분이 없이 같이 해나가는 시대지만, 내가 결혼하던 시절만 해도 남자가 할 일, 여자가 할 일이 따로 있어서 집안 살림이나 육아의 부담은 여자의 일이라고 여겼다. 그래서 여자들이 남편과 같이 사회활동을 하더라도 주어진 여러 가지 의무를 열심히 해야 하는 슈퍼우먼이 될 수밖에 없었다.

 그런 세월이 흘러 흘러 지금은 시대도 달라졌거니와 우리 나이가 되면 아이도 성장했고 대체적으로 사회활동도 떠나게 되어 중년 나이 이상의 부부가 집에서 함께 머무는 시간이 많아졌다. 그러니 하루 세끼 밥이 어떤 이에게는 편하게 다가오는 시간이겠지만, 사회활동을 하느라 하루 세끼 집밥이 생소한 나에게는 부담이 되는 시간이다.

 남편이 퇴직한 지 4년이 되었다. 나는 남편에게 아침식사를 각자 해결하자고 제안했다. 처음 남편은 나의 제안을 엉뚱하다고 생각하는 듯했지만, 나는 매일 아침 남편의 아침식사를 준비하는 부담을 남은 평생 갖고 싶지 않았다. 서로가 편해야 한다는 것이 나의 생각이었기 때문이다.

남편은 자라면서부터 내가 각자 아침 해결을 제안할 때까지 부엌과는 아주 거리가 먼 사람이었다. 헌신적인 어머님의 장남이니 당연했을 것이고, 퇴직 전까지는 나도 그러려니 하며 받아들이고 살았다. 하지만 남은 우리의 인생도 중요하기 때문에 남편이 스스로 아침식사를 해결하는 것을 시도하도록 했고, 그렇게 할 수 있도록 내가 도와주었다. 주방 일이 서툰 그였기에 꽤 시간이 걸렸지만, 조금씩 자신을 위한 아침식사 준비를 혼자 하게 되었다. 그래서 마련한 것이 브레빌 샌드위치 프레스다.

남편은 퇴직한 직후 바로 스페인 산티아고 순례길을 완주하고 돌아왔는데, 그때 이후로 아침에 빵 먹는 것을 좋아한다. 하지만, 부엌 일이 서툴다 보니 샌드위치를 해 먹으려 해도 여러가지 준비하는 것을 어려워했다. 나는 샌드위치에 들어갈 재료들을 소분해서 통에 넣어 냉장고에 보관해두는 것까지 도와준다.

원래 가지고 있던 작은 샌드위치 기계는 달걀프라이를 따로 해야 하고 햄도 따로 데워야 하고 빵도 토스터에 넣어야 해서 번거로웠고, 두께가 얇은 것만 가능해서 내용물을 넣고 뚜껑을

넓고 평평하며 달라붙지 않는 표면, 빵의 높이에 따라 조절이 가능해 요리가 어려운 남편도 편하게 사용한다.

닫으면 너무 납작해져버렸다. 또한, 팬에 홈이 있어서 씻거나 닦기가 아주 까다로웠다. 본인이 먹을 것을 준비하는 것만으로도 스스로는 열심히 하고 있다고 생각하는데 팬을 닦을 리는 만무했다.

　나는 부부가 수십 년 이상을 함께 살면서 노력해도 바뀌지 않는 것이 서로 있다는 것을 인정한다. 그러니 닦아놓지 않는 팬을 답답하게 생각하는 내가 닦을 수밖에 없는 것처럼, 이런 상황을 해결하는 방법을 나 스스로 찾아내야 한다. 나도 귀찮은 건 하기 싫으니까. 그래서 여러 가지를 감안하여 선택한 것이 브레빌 샌드위치 프레스다. 나는 이 기계의 투박한 듯 아날로그적인 디자인이 좋고 가격이 저렴하니 가성비 면에서도 만족한다.

　일단 기름이 없어도 달라붙지 않는 논스틱 플레이트다. 먹기 위해서 기름을 사용하지만 그렇지 않을 때는 기름 없이 가능할 정도이니 아무것도 달라붙지 않아서 뒤처리도 쉽고 깔끔하다. 홈이 있는 팬을 항상 내가 씻거나 닦으며 '해먹었으면 좀 닦아놓으면 좋으련만' 하는 생각을 안 해도 된다.

　두 번째는 편편하고 넓은 팬의 면적이다. 팬이 넓으니 빵, 햄, 달걀 등 재료를 한번에 올려놓을 수 있어서 요리 시간이 짧아졌다. 샌드위치에 들어가는 재료에 따라 높낮이 조절 기능이

브레빌(Breville)의 샌드위치 프레스.
가로 38cm, 세로 38cm, 높이 12.5cm

있는데 다른 기계들보다 그 폭이 크고 여러 단계가 있다.

남편은 샌드위치 안에 여러 재료를 넣는 것을 좋아해서 꽤 두께가 두꺼운데 눌리는 건 싫어한다. 살짝만 줄일 듯 말 듯한 것을 좋아하는데 그 높이 조절과 고정이 아주 편리하다. 기존에 쓰던 작은 샌드위치 기계는 두 단계가 있지만 그 폭이 좁아서 생각보다 많이 눌려져서 맘에 차지 않아했다.

다음은 팬의 온도이다. 햄이나 베이컨 등 내용물을 먼저 익힌 후 빵 위에 재료를 올리고 샌드위치 두께에 맞춰 고정시키면 샌드위치를 굽기 위한 최적의 온도가 유지되어 빵의 표면이 적당하게 노릇노릇 구워져 완성된다.

브레빌의 샌드위치 프레스를 사용하고부터 남편도 편해지고 나도 편해졌다. 다만 불편한 점이 한가지 있다면 타이머가 없어서 조리를 시작하거나 끝났을 때 꼭 전원을 차단해야 한다는 점이다.

사용하지 않을 때 전원을 차단하면 전기를 절약하는 차원에서는 좋지만, 적당한 시간을 맞춰놓고 제때 저절로 꺼지면 훨씬 편할 거란 생각이 든다. 남편 입장은 안 그래도 주방 일이 귀찮은데 전원을 차단하는 게 귀찮은 모양이다. 하지만 나에게 이 한 가지 단점은 다른 편리한 여러 가지 이유로 가려져서 좋기만 할 뿐이다.

이처럼 편리한 샌드위치 프레스뿐 아니라 주서, 믹서, 오븐, 에어 프라이어 등 주방가전 일체를 선보이는 브랜드 브레빌 Breville은 1932년 호주 시드니에서 설립되었다. 기본적으로 모든 제품이 단순한 디자인의 스테인리스 스틸 소재로 되어 있어 외관 자체로도 멋스럽다. 이 모델은 국내에는 없어서 해외 직구로 구입이 가능하다. 호주 전압인 220~240볼트와 국내 전압이 맞아서 트랜스는 없어도 되지만 플러그의 모양이 달라서 별도의 어댑터가 포함되어 배송된다.

라귀올 스테이크 나이프

내가 가지고 있는 주방 살림살이가 대부분
심플한 스타일이어서 커트러리도 모던한 것 위주였는데,
이 클래식한 디자인의 라귀올은 우리 집 살림살이와도
의외로 잘 어울려서 오히려 약간의 포인트가 된다.

테이블 위의 흑기사,
장인의 후예들

프랑스 중남부 지방의 소도시 라귀올은 예로부터 칼이나 커트러리를 만드는 장인들이 모여 살던 동네다. 라귀올Laguiole은 브랜드명이라기보다 마을의 정체성을 담는 특산지 명칭이고, 라귀올의 공장이나 근처 티에마을의 각 칼 공방에서 만든 제품에 붙게 된다. 와인 오프너로 유명한 샤또 라귀올, 라귀올 마을에 공방이 있는 유일한 포르쥬 드 라귀올, 티에마을의 세공업자 세 명이 모여 만든 라귀올 앙 오브락 등이 라귀올 칼을 선보이는 브랜드로 유명하다.

 라귀올은 아치형의 선으로 기요샤쥬guillochage(노끈을 꼰 모양) 문양을 장식한 용수철이 있는 농부의 칼이었으며, 핸드메이드로 제작되었다. 또한 원칙적으로 칼에는 톱니 모양이 없고, 손잡이는 천연 원목, 상아 같은 고급 재질로 수작업된다.

 3대에 걸쳐 110년 동안 만들어지고 있는 라귀올 나이프는

좋은 디자인의 나이프와 치즈커터는 테이블을 좀 더 스타일리시하게 만들어준다.

그들만의 기술력으로 요리의 형태를 그대로 유지시키면서 부드럽고 날렵하게 잘 잘려져 최상의 맛을 느낄 수 있게 한다. 요즘 우리가 쓰고 있는 벌 모양의 디자인은 1909년 제작된 것으로, 나폴레옹 황제가 라귀올 주민들의 용기에 찬사를 보내며 하사한 벌 모양이라고 전해져 내려온다.

우리 가족은 고기와 생선, 다른 음식을 잘라 먹을 때도 라귀올 나이프를 사용한다. 분위기에 따라 디자인이 좋은 다른 커트러리 세트를 쓰려고 해도 나이프만큼은 이것을 쓰려고 하니 자연스럽게 거의 모든 식사 자리에서 쓰게 되었다. 다른 커트러리들은 손님들이 많이 와서 숫자가 모자랄 때만 사용하는 것으로 전락했다.

내가 가지고 있는 주방 살림살이가 대부분 심플한 스타일이어서 커트러리도 모던한 것 위주였는데, 이 클래식한 디자인의 라귀올은 우리 집 살림살이와도 의외로 잘 어울려서 오히려 약간의 포인트가 된다. 클래식한 듯 모던한 디자인, 스테인리스와 고급스러운 마감의 재질이 아름답게 보인다.

라귀올은 고급스러운 라인부터 대중적인 라인까지 다양한 모델들이 있고 우리 집에서 사용하는 것은 가장 보편적으로 사용되는 라인이다.

처음 라귀올 스테이크 나이프를 접한 것은 꽤 오래 전이다.

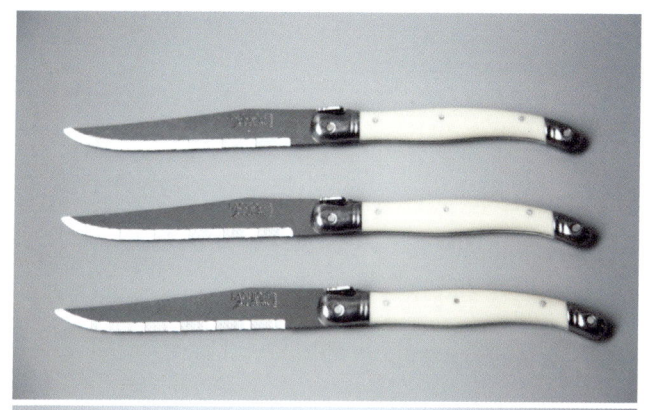

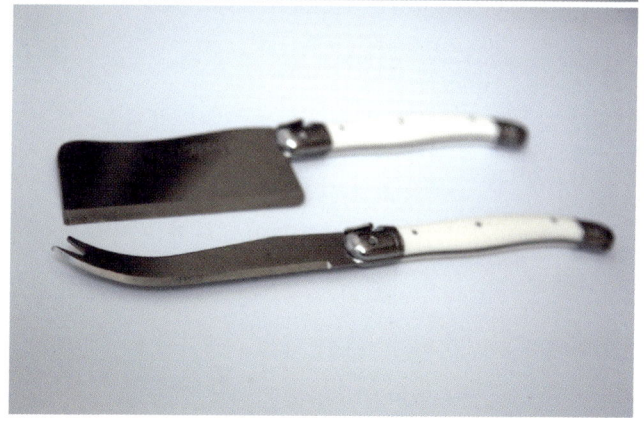

라귀올(Laguiole) 나이프(가로 23cm, 세로 1.9cm)와
치즈커터(가로 22cm, 세로 4.3cm와 가로 23.2cm, 세로 1.8cm).
클래식한 라인과 모던한 디자인의 나이프는 스테이크뿐 아니라
여러 종류의 음식을 쉽고 날렵하게 잘라준다.

유럽이나 미국 등 외국 출장이나 여행시에 레스토랑에 가서 스테이크 메뉴가 나올 때면 자주 등장했다. 이 스테이크 나이프와 함께 디자인 면에서나 쓰임새 면에서 뛰어난 아이템은 치즈커터이다.

꽤 오래 전 우리나라에 와인 문화가 시작되기 전부터 나는 라이프스타일 관련 일로 여러나라를 출장 다니는 기회가 많았다. 출장 중에는 거래하는 가구, 도자기 등 소품 회사들의 초청으로 파티에 갈 일이 자주 있었는데, 그 자리에는 항상 와인과 샴페인, 치즈보드가 준비되어 있곤 했다. 치즈보드 위에 놓인 치즈커터를 보고 나서 라이프스타일 스토어에 가서 몇 가지 치즈커터를 사 오곤 했는데, 언제적부터인가 집 안에 물건을 비우자는 생각으로 플리마켓을 통해 모두 판매하고 라귀올 치즈커터만 가지고 있다.

그만큼 디자인이나 기능적인 면에서 내게는 가장 좋은 물건이기 때문이다. 물론 객관적으로는 더 고급스럽고 더 멋진 물건들이 있다. 하지만 디자인이 쏙 마음에 들면서 가격 면에서 큰 부담이 없는 가성비 좋은 물건이 나는 만족스럽다.

프랑프랑 주걱

이 작은 물건, 밥주걱은 참 편하다. 밥을 푸고 잠시 놓아둘 때
아무런 도구 없이 혼자 잘 세워지고, 설거지 후에도
선반 한쪽에 자리도 차지하지 않고 세워둘 수 있다.
주걱 부분의 특수 엠보 가공 덕분에 밥이 눌어붙지 않고,
환경호르몬에도 안전한 폴리프로필렌 소재로 안심하고 쓸 수 있다.

작은 생각의 차이가
생활을 편리하게

식사 차릴 때마다 꼭 사용하게 되는 것이 밥주걱이다. 밥을 푸고 나서 밥주걱을 바로 설거지하거나 설거지통에 담그지는 않는다. 밥이 많아서 덜어내거나 또는 좀 더 먹기 위해서 한 번 더 밥주걱이 필요할 때를 대비해서다.

    그러다 보니 결혼해서 시어머니와 함께 식사를 할 때도 밥주걱이 어떤 때는 싱크대 작업대 위에 그대로 놓여 있는 경우가 많았다. 물론 주걱의 앞부분이 살짝 떠 있어서 크게 상관없다고 생각할 수도 있지만 물기가 묻어 있는 싱크대 작업대 위에 놓여 있는 것이 나는 싫었다. 그래서 따로 작은 접시를 두고 올려놓거나 국자 걸치는 도구를 발견해서 거기에 걸치거나 했다. 그러다가 친절하게도 주걱 걸이를 장착한 전기밥솥까지 나왔지만, 거기에 주걱을 끼워놓으면 밥솥 위로 깃발처럼 높이 올라와 있는 모습이 거슬리기도 했다.

튀지 않으면서 쓰임새가 좋아 주방에 꼭 필요한 작은 소품이다.

프랑프랑(Franc Franc)의 세워지는 밥주걱. 가로 7.6cm, 세로 19.8cm

그 정도로 만족하면서 꽤 오랜 기간 사용하다가 일본 도쿄의 프랑프랑에서 내가 찾던 밥주걱Standing Rice Scoop을 발견했다. 화이트와 블랙 두 컬러로 간결한 라인에 심플한 디자인이었고 손잡이 끝에 무게가 있어서 안정되게 바로 세워졌다. 그 옆에는 토끼 모양 손잡이를 한 같은 기능의 화이트, 핑크, 스카이블루, 블랙 등 다양한 컬러의 주걱도 있었지만 나는 심플한 모양의 화이트 컬러를 선택했다. 그리고 내가 쓸 거 한 개와 추가로 5개를 더 구입했다. 우리나라에 돌아가면 내가 쓰는 걸 보고 가까운 지인들이 탐낼 것이 분명했기 때문이다. 우리 집에 놀러와서 이 주걱을 보고 갖고 싶어 해도 살 수 없는 것이니, 내가 가지고 있다가 하나씩 선물하면 좋겠다고 생각했다.

여행에서 돌아와 우리나라 프랑프랑에 이 주걱이 있는지 일부러 매장을 가보았다. 역시나 나의 생각대로 토끼 모양의 주걱은 컬러별로 있었지만, 내가 사 온 디자인은 보이지 않았다.

프랑프랑Franc Franc은 1992년 일본에서 시작한 리빙 브랜드로, 컬러풀하고 아이디어 가득한 소품들로 주목받았다. 기존에 있던 품목일지라도 색다른 디자인 덕분에 일본 여행자들의 쇼핑 목록에 꽤 많은 프랑프랑의 제품들이 오르곤 했다. 그중에 이 밥주걱은 오랜 시간 프랑프랑을 대표하는 아이템이 되었다.

일단 이 작은 물건, 프랑프랑의 주걱은 참 편하다. 밥을 푸고 잠깐 놓아둘 때 아무런 도구 없이 혼자 잘 세워지고, 설거지 후에도 선반 한쪽에 자리도 차지하지 않고 세워둘 수 있다. 주걱 부분의 특수 엠보 가공 덕분에 밥이 눌어붙지 않고, 환경호르몬에도 안전한 폴리프로필렌 소재로 안심하고 쓸 수 있다.

일본에서 구입한 지가 벌써 7~8년은 된 거 같은데 재질이 단단하면서 밥을 푸는 부분만 적당한 탄성이 있어서 기능도 좋다. 여분으로 사 가지고 온 것은 주변에 친구들이 놀러 와서 좋다고 할 때 하나씩 선물하고 내가 쓰는 것이 낡으면 쓰려고 하나를 남겨 두었는데, 아직도 새것 같으니 비축해둔 것을 쓰지 않아도 된다.

이런 물건은 간혹 단종되어 나중에 사고 싶어도 못 살 수도 있어서 하나는 그대로 가지고 있으려고 한다. 그만큼 애정하는 물건이다.

바나나 훅

뉴욕 맨해튼에서 1년 살기를 할 때 컨테이너스토어에서
바나나 훅을 처음 발견했다. 눈에 띄지 않을 정도로
작은 이 물건을 발견한 순간 서슴지 않고 사버렸다. 남의 집을
렌트했지만 이 정도는 매달아두고 사용해도 괜찮다고 생각했다.

작고 가볍고
단순하며 저렴한

이 작고 가볍고 간편한 바나나 훅은 4.49달러, 우리 돈으로 6,000원 정도 한다. 그런데 아주 유용하다.

우리는 가족이 셋이고 아들은 아침을 먹지 않고 바나나는 주로 남편이 아침에 하나씩 먹는다. 그래서 바나나를 한 송이 살 때는 가능한 완전히 노랗게 익은 것보다는 조금 덜 익은 것을 산다. 그래야 조금이라도 오래 싱싱한 상태로 유지할 수 있기 때문이다.

바나나는 비교적 저렴하고 하나만 먹어도 속이 든든하며 칼로자를 필요도 없어 참 실속 있고 편한 과일인 셈이다. 그런데 바나나는 좀 덜 익으면 딱딱한 감이 있고 거뭇거뭇 스팟이 적당히 생기면서 후숙되어 먹기 좋을 찰나를 잠깐 지나가면 물러져 상하기 쉬우니 어찌 보면 내게는 까다로운 과일이다.

바나나는 보편적으로 실온에 매달아 보관하는 것이 가장

오래 간다고 하지만 이것도 한여름엔 맞지 않은 얘기인 것 같다. 열대과일인 바나나를 냉장고에 보관하면 더 빠르게 갈색으로 변한다. 바나나가 갈색으로 변하면서 생기는 '슈가 포인트'라는 갈색 반점은 당이 캐러멜화되면서 생기는 현상이라, 바나나 속 녹말 성분이 줄어 당이 되면서 식감이 더 부드러워지고 맛과 향도 달고 진해지므로 요 타이밍을 맞춰 먹는 것이 제일이다.

처음 사 온 바나나가 숙성될 때까지는 매달아 보관하는 것이 좋은데 바구니 같은 데 얹어두면 바나나 자체가 무거워서 아래 것들이 눌려 물러지고 나의 부엌처럼 좁은 공간에서는 자리를 차지해서 불편하기도 하다. 이래서 유용한 것이 이 바나나 훅. 적당히 숙성될 때까지 매달아두는데 시중에 있는 바나나 훅들은 바구니 같은 것들처럼 자리도 차지하지만 바나나를 매달아두었을 때 디자인이 마음에 드는 것이 없었다.

이 바나나 훅은 2007년 미국 뉴욕 맨해튼에서 1년 살기를 할 때 컨테이너스토어Container Store에서 처음 발견했다. 컨테이너스토어는 미국 전역에 있는 정리 수납을 위한 아이템들을 한곳에 모아놓은 곳이다. 정리하고 수납하는 일을 무엇보다 중요하게 생각하는 내가 거의 매일같이 드나들곤 했다.

1년만 머무는 곳이니 물건을 많이 사들일 수 없지만 쓸모

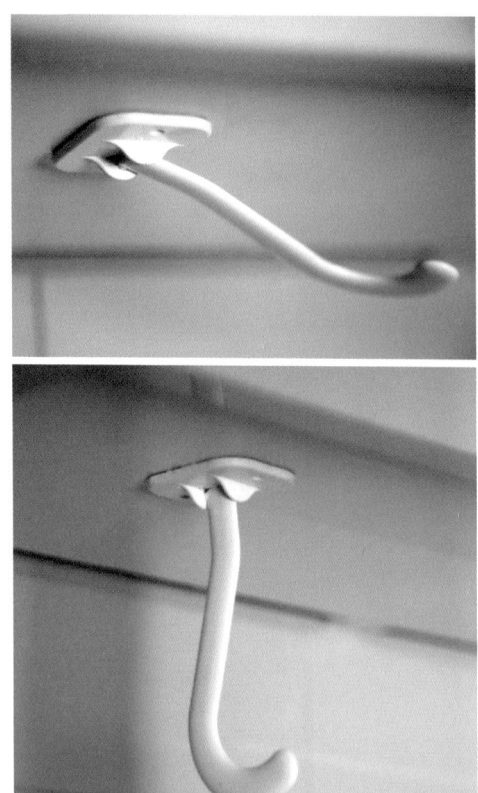

바나나가 없을 때 접어두면 눈에 띄지 않는다.
컨테이너스토어(Container Store), 가로 4.5cm, 세로 13cm.

있는 다양한 물건들을 구경하는 것만으로도 흥미로웠다. 눈에 띄지 않을 정도로 작은 이 물건을 발견한 순간 서슴지 않고 사버렸다. 남의 집을 렌트했지만 이 정도는 매달아두고 사용해도 괜찮다고 생각했다.

    그때는 나도 간단한 끼니 혹은 간식으로 바나나를 즐기곤 했는데, 이 제품이 공간도 차지하지 않을뿐더러 제품 자체의 간단한 디자인으로도 마음에 들었다. 바나나들이 열대지방 커다란 나무에 매달려 있다고 착각하게 만든다는 바나나 훅. 지금은 많이 대중화되었지만 그 당시만 해도 내게는 새롭고 신기한 제품이었다.

    이것 역시 저렴한 가격 덕분에 내가 몇 개씩 쟁여 귀국길에 가져왔다. 아니나 다를까. 지인들이 보고 궁금해 하거나 관심을 보이면 집에 가는 길에 슬쩍 건네기도 했던 재미있는 물건이다. 바나나를 매달아서 보관하는 것이 좋다는 것을 아는 사람들이 많기 때문에 국내에도 바나나 훅 제품들이 많이 있다. 하지만 대부분이 테이블이나 주방 등 바닥에 놓는 형태라서 자리를 차지하는 불편함이 있고 디자인 또한 이처럼 심플한 것은 찾아보기 힘들다. 그러니 이 작고 가볍고 단순한 6,000원짜리 물건이 내게는 너무 유용한 아이템이다.

문 구 와 정 리

쓸모 있고 깨끗하게

아이디투 멀티탭

감추다 감추다 안 되는 선들을 해결하는 데
아이디투 멀티탭은 최선의 선택이었다.
심플한 디자인의 멀티탭을 만들면서
회사의 로고도 잘 보이지 않도록 한 것에는
사용자에 대한 배려가 담겨 있다

웬만하면
눈에 띄지 않게

서초동 아파트를 팔고 과천에 땅을 사 집을 지을 때였다. 집을 짓는 과정은 간략히 전체적인 집의 방향을 잡는 콘셉트 설계와 그것을 실제로 실현할 수 있도록 설계하는 실시 설계, 다음은 기초 공사와 골조 공사, 마지막으로 인테리어 디자인에 이르는 여러 단계의 공사를 하게 된다. 보통은 콘셉트 설계부터 인테리어까지 모든 공정을 업체에 맡기지만 나는 인테리어와 VMD 관련 사업을 하고 있었기 때문에 콘셉트 설계와 인테리어 디자인, 공사는 직접 할 수 있었다. 실시 설계와 기초 공사, 골조 공사만 전문가들에게 맡기면 되었다.

    생각으로 그렸던 집을 설계하고 기초, 골조 공사를 마치고 나서 우리 팀이 인테리어 공사에 투입되었다. 당연히 동선을 고려해 공간을 분할하고 각각의 공간이 살기 편한 곳이 되도록 디자인해서 공사를 시작했지만 이 부분에서 내가 특별히 더 신경을 쓴 부분이 있다. 바로 공간마다 필요한 조명을 켜고 끄는 전원 스위치의 위치와 전기 제품을 사용할 때 없어서는 안 되는 콘센트의 위치였다.

우리가 사는 공간을 살펴보면 잘 정리하고 꾸며놓은 곳이라도 마지막에 생활에 꼭 필요한 전기 제품들의 전선들이 복잡하게 보여서 전체적인 분위기를 해치고 있는 것을 볼 수 있다. 생각보다 생활에 필요한 전기 제품들이 많기 때문에 여러 개의 선들이 뭉치고 엉켜서 보기가 좋지 않은 상황이다.

예전 아파트에 살 때 어쩔 수 없이 선들이 보일 수밖에 없었을 때 아파트 설계하는 회사들이 이런 부분도 중요하게 생각해 반영하면 좋았을 텐데 하는 아쉬움이 많았었다. 내가 사는 집을 내가 설계하는 것이니 인테리어 디자인을 할 때 이런 부분을 고려하는 것은 당연했다. 우선 조명 스위치는 가능하면 눈에 띄지 않는 위치에 설치하려고 했고, 어쩔 수 없이 노출이 될 수밖에 없는 위치라면 역시 되도록 눈에 띄지 않는 디자인과 컬러를 골랐다.

스위치는 많은 고민이 없어도 할 수 있는 일이지만 콘센트는 다른 얘기다. 냉장고, 텔레비전, 오디오, 스타일러 같은 크기가 큰 전자제품부터 조명 기구, 청소기, 전기밥솥, 전기포트 같은 좀 작은 주방용품까지, 콘센트가 필요한 제품은 꽤 많을뿐더러

어쩔 수 없이 공간에 있어야 하는 멀티탭이지만,
가능한 거슬리지 않는 디자인으로 선택하는 것이 좋다.

핸드폰 충전선 그리고 여름엔 선풍기까지 수없이 많은 전원 케이블들을 해결해야만 했다.

주방에서 쓰는 것은 주방 안에서 눈에 띄지 않게 감추었고, 욕실의 드라이어 선까지 안 보이게 잘 완성되었지만, 그래도 마지막에 입주하여 살게 되면서 어쩔 수 없이 보이는 선들이 있었다. 감추다 감추다 안 되는 선들을 해결하는 데 아이디투 멀티탭은 최선의 선택이었다.

아이디투Idtoo는 제품 디자인을 하던 이노디자인 출신 디자이너들이 창업한 회사다. 회사 이름 역시 인더스트리 디자인과 양의 무한대를 연상케 하는 단어 조합을 통해 '본질에 가까워지고자 하는 갈망'을 담아 만들었다고 한다. 디자이너인 김철민 대표가 이 멀티탭을 만들게 된 것은 꼭 필요한 생활용품이지만 모던한 가구나 주변에 어울리는 디자인을 찾을 수 없었기 때문이었다.

멀티탭은 그 디자인이 아무리 좋다 해도 있는 것보다는 없는 것이 더 낫다. 어쩔 수 없이 필요해서 사용하는 것이므로 어느 공간에서든 있는 듯 없는 듯 눈에 거슬리지 않아야 한다. 심플한 디자인의 멀티탭을 만들면서 회사의 로고도 잘 보이지 않도록 한 것에는 사용자에 대한 배려가 담겨 있다.

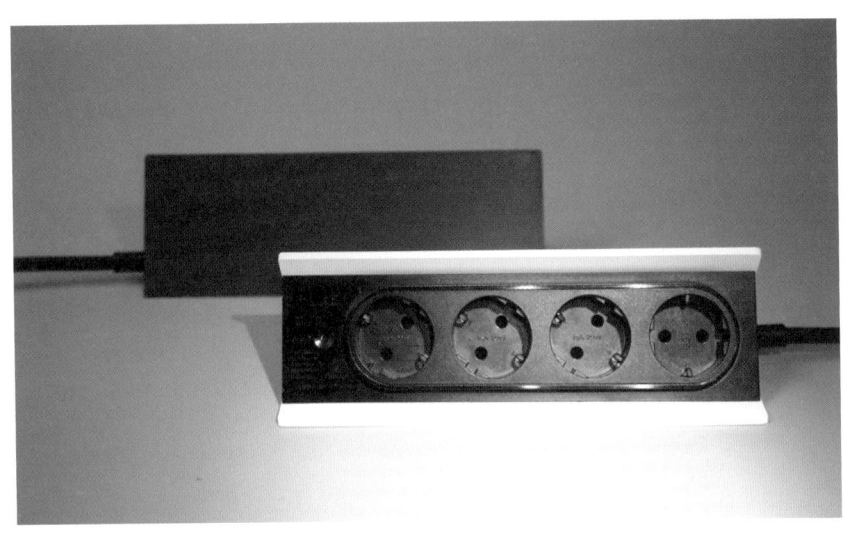

아이디투(Idtoo), 아이디바(Idbar) 디자인 멀티탭 4구, 가로 24cm, 세로 8.4cm, 케이블 1.5m

삼각형의 심플한 디자인과 폴리카보네이트 소재로 내구성도 좋다.

아이디투 멀티탭은 삼각형이다. 심플한 디자인으로 모던한 공간에 잘 어울린다. 플러그를 꽂고 벽 방향에 맞춰서 놓으면 콘센트 부분이 가려지고 기울어져 있어서 먼지가 덜 쌓인다. 4개의 플러그를 꽂을 수 있는데 3구는 비스듬히(또는 대각선으로), 1구는 일자로 꽂을 수 있도록 수평으로 배치되어 있다.

기존의 콘센트 전원 버튼은 사이즈가 커서 전원이 들어왔을 때 빨간 불이 크게 보이는데 이 멀티탭의 측면에 작은 원형으로 배치한 전원 버튼은 있는 듯 없는 듯 눈에 띄지 않는다. 화이트, 블랙, 라이트블루, 민트, 라이트핑크 등 다양한 컬러가 출시되어 있는데 우리 집에서는 화이트와 블랙 콤비, 블랙 두 가지를 사용하고 있다. 2016년에는 세계 3대 디자인 어워드 중 하나인 'iF 디자인 어워드'를 수상했다.

우리 집은 이 멀티탭을 거실 바닥에 두고 사용하고 있는데, 사무실이나 공부방의 책상 위에서 사용하면 전원 케이블을 깔끔하게 정리해주어서 일과 공부에 집중하기 좋을 것 같다.

우리가 흔히 쓰고 있는 멀티탭에 비하면 두 배가 넘는 가격이지만 콘센트가 고장이 날 리는 거의 없으므로 가성비도 최고다.

작은 사다리

우리 집에서는 높은 곳의 물건을 꺼내기 위해
의자를 옮기지 않아도 되었다. 게다가 눈에 보여도
거슬리지 않으니 자리잡아 놓아둘 수도 있었다.
가끔 대청소를 하거나 집 안 수리를 할 때도 꽤 요긴하다.
높은 곳에 올라가는 것 말고도 작업을 하다가 잠시 앉아서
쉴 수도 있는 높이여서 여러모로 실용적인 물건이다.

어디선가
무슨 일이 생기면

서울올림픽이 열린 해의 12월에 결혼했으니 30년이 지났다. 사랑하는 이와 가족을 꾸리는 기대만큼이나 내 공간, 신혼 집을 채워 넣는 꿈에 부풀었다. 그동안 내 취향으로 차근차근 만들어 온 우리 집 살림들은 최대한 간편하고 단순하지만, 그럼에도 불구하고 예쁨을 잃지 않는 것들로 가득하다.

처음 살림을 시작하면서 꼭 필요한데 당시 아무리 찾아도 마땅한 디자인의 제품이 없어 아쉬웠던 것이 있다. 바로 작은 사다리다. 결혼 전 살림을 통 안 해봐서였을까, 살림을 하다 보니 내 키보다 훌쩍 높은 곳에 물건을 넣고 뺄 일이 많았다. 주방 상부장에서 그릇을 꺼내거나 다용도실 꼭대기 선반에서 물건을 꺼내거나 옷장 손 안 닿는 곳에서 뭔가를 꺼내야 할 때에는 식탁 의자나 책상 의자를 가지고 와 해결하곤 했다. 매번 남편을 부르기도 번거로웠다.

그때마다 의자나 받침대 등을 가져오는 것이 생각으로는 별일 아닌 것 같지만 옮겨 다니며 사용해본 이들은 알 것이다. 귀찮아서 발끝을 끝까지 세워가며 바둥바둥대기가 일쑤라는 것. 그러다 손끝에 물건이 닿아도 꺼내지지 않아 애쓰다가 오히려 미끄러지면서 아끼던 그릇을 깨트리기도 했다.

그럼 "작은 사다리를 사면 되지?"라고 물을 것이다. 문제는 간단하면서 모양도 좋고 편리한 것을 찾을 수가 없어서 살 수 없었다는 것이다. 철물점에 있는 거친 사다리도 싫었고, 수납하기 어려운 앉은뱅이 디딤판도 맘에 들지 않았다. 하는 수 없이 맘에 들지 않은 사다리 대용품을 구해 잠깐 쓰고, 다용도실 깊숙이 보이지 않게 넣어두곤 했다. 누군가는 "사다리 하나 가지고 까다롭게 군다"고 말할 수 있겠지만, 나는 사다리도 아무 것이나 살 수는 없었다. 그런데 그렇게나 찾아 헤매던 사다리를 결국 뉴욕에서 만났다.

40대 중반에 회사를 그만두고 스스로에게 선물한 안식년 같았던 '뉴욕 1년 살기'를 하던 때였다. 살림살이나 데커레이션 용품을 좋아하는 나는 당연히 뉴욕에 사는 동안 라이프스타일 관련 스토어를 샅샅이 뒤지며 다녔다. 그러던 중 내가 원하는 사다리를 발견한 곳은 컨테이너스토어였다. 이름처럼 그곳은 세상에 존재하는 모든 수납용품과 그 관련품들로 가득한, 나에게는

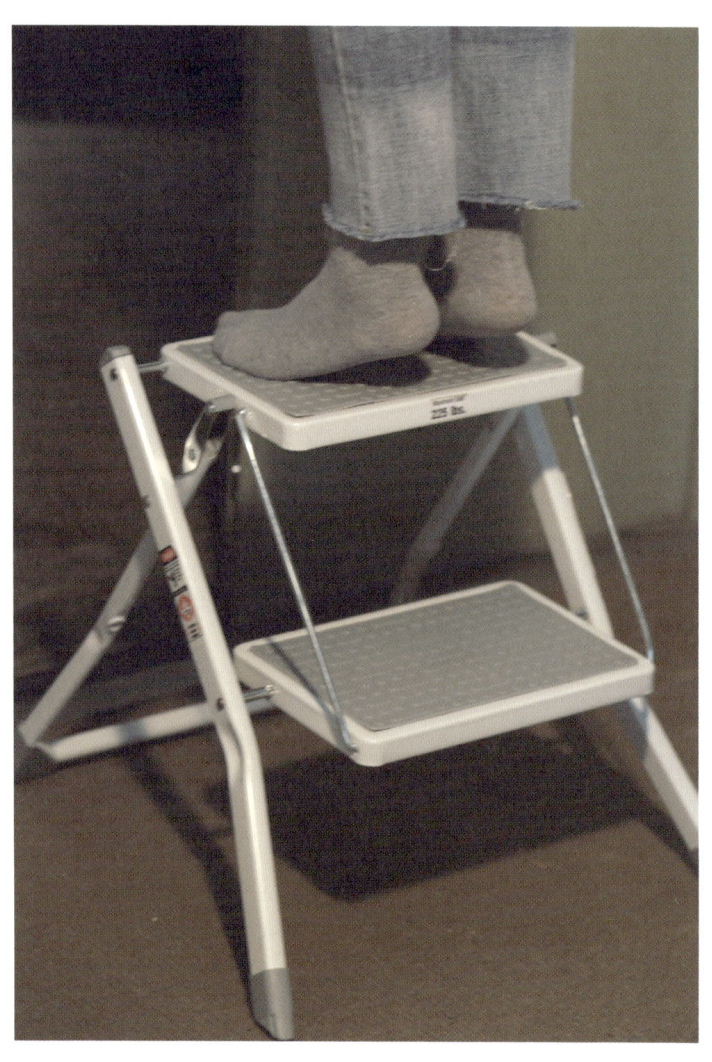

주방, 옷방, 다용도실 어디에서나 쓸모 있으며 어디에 두어도 좋은 디자인이다.

천국과 같은 곳이었다.

    1978년에 킵 틴델이 친구와 함께 작은 수납용품 전문점으로 창업한 컨테이너스토어Container Store는 현재 미국 전역에 매장을 운영하고, 해외 배송까지 가능한 글로벌 기업으로 성장했다. 팬트리나 지하실, 차고 등을 수납 공간으로 이용하는 미국인들의 생활 패턴에 맞춰 크고 작은, 목적에 따른 다양한 수납용품을 중심으로 선보이고 있는 브랜드다.

    보통 바닥부터 천장까지 가득 채우는 수납 방식일 때 꼭 필요한 것이 바로 사다리다. 그렇기 때문에 이곳에서 내가 오랫동안 찾던 '적당한 사다리'를 만난 것은 운명 같은 일이었다. 이곳에서 이 사다리의 명칭은 'Polder slim Folding Step Stool'인데 나는 그냥 '사다리'라고 한다.

    전처럼 출장이나 여행으로 간 뉴욕이었다면 바쁘게 필요한 것을 보러 다니느라 스쳐 지나갔을 물건이었을 것이다. 1년간 뉴욕에 머무르며 생활하게 되니 여러 곳을 둘러볼 수 있었고, 수납용품으로 가득한 그곳은 몇 번을 가도 언제나 볼거리가 많은 매장이었다.

    드디어 나의 시선을 사로잡은 사다리는 평소 외국 잡지 속 사진으로 보던 예쁘고 단순하면서도 편리한 사다리였다. 알루

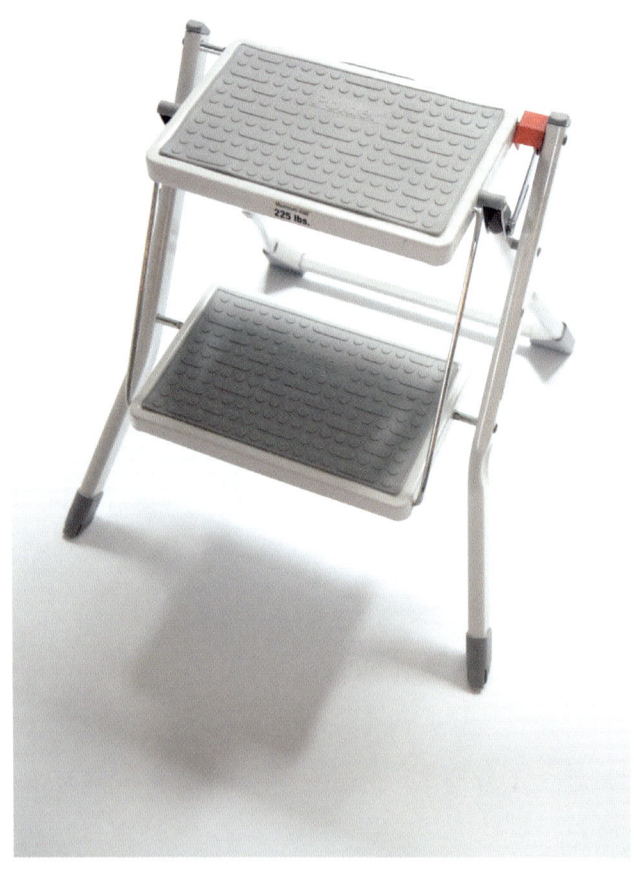

컨테이너스토어(Container Store), 사다리(Polder Slim Folding Step Stool),
가로 41.6cm, 세로 49.6cm, 높이 44.5cm 접으면, 가로 41.6cm, 세로 3cm, 높이 35.5cm

미늄 재질의 이 사다리는 2개의 계단으로 펼쳐지지만, 투박하지 않는 적당한 부피였다. 또한, 펼쳤다가 접는 것도 아주 간단했다. 펼칠 때는 쉽지만 접기가 어려운 경우가 많은데, 이 사다리는 어느 방향이든 다 편리했다.

드디어 참지 못하고 세 개를 샀다. 한 개만으로는 성에 차지 않았다. 한 개는 주방에 한 개는 다용도실에서 쓰고 한 개는 여분으로 가지고 있었다. 마음에 드는 물건을 발견하면 한두 개씩 여분을 사두는 버릇이 있다. 언제나 내가 가지고 있는 물건을 탐내는 친구들이 자주 있기 때문이다. 친구들이 탐낼 때 하나씩 선물하면 너무 좋아들 해서 항상 비축해 가지고 있는 것이다. 물론 이렇게 쟁여두게 되는 물건들은 가격이 높지 않아서 부담이 되지 않는 것들이다.

뉴욕 집에서 사용한 이 사다리들은 1년 후 집으로 돌아오는 짐을 준비하면서 소포로 살뜰히 챙겨 집으로 보냈다. 뉴욕 생활의 당당한 전리품 사다리 덕분에 그때부터 우리 집에서는 높은 곳의 물건을 꺼내기 위해 의자를 옮기지 않아도 되었다. 게다가 눈에 보여도 거슬리지 않으니 자리잡아 놓아둘 수도 있었다. 가끔 대청소를 하거나 집 안 수리를 할 때도 꽤 요긴하다. 높은 곳에 올라가는 것 말고도 작업을 하다가 잠시 앉아서 쉴 수도 있는 높이여서 여러모로 실용적인 물건이다.

참, 여분으로 가져 온 사다리 한 개는 나와 10년 이상을 함께 일했던 디자이너에게 선물했다. 요리를 좋아하는 그녀가 바삐 음식을 만들어 상을 차리고 부지런히 살림을 할 때, 나처럼 요긴하게 잘 사용하고 있을 것이다.

무인양품 계산기

무인양품 계산기는 검정과 흰색, 그리고 회색이 있다.
디자인 선이 지극히 심플하고 모던하여 직선적이고 깔끔하다.
군더더기 하나 없으니 속이 다 시원하다. 게다가 숫자판이 커서
사용감도 좋다. 경우에 따라 살짝 기울여 사용할 수 있도록
뒷면에 세울 수 있는 데스크 스탠드가 있어 편리하다.

책상 위에
있어도 좋아

내가 대학을 졸업하고 삼성의 제일모직에 신입사원으로 입사한 때는 1982년이었다. 패션 디자이너의 해외 출장지가 주로 일본이었던 시절이었다. 그때만 해도 일본은 우리나라에 비해 더 다양하고 세련된 분위기였다. 특히 패션과 라이프스타일 분야에 있어서는 참고 삼을 만한 것들이 많았다. 생각해보면 지금부터 40년 전인데 세상이 많이 변했다는 것을 새삼 느끼곤 한다.

지금은 살림에 필요한 대부분의 물건들을 국내에서 구할 수 있지만 1990년대까지만 해도 모던한 디자인의 물건들은 국내에서 만족할 만한 것들을 찾기 어려웠다. 그런데 내 눈에 보인 많은 감각적인 물건들, 특히 무인양품의 물건들은 정말 충격적이었다.

무인양품을 이야기할 때 빼놓을 수 없는 인물이 있다. 바로 하라 켄야Hara Kenya. 무인양품을 1980년에 설립된 일본의 생활용품 브랜드에서 일약 전 세계적 주목을 받는 라이프스타일 브랜드로 성장시킨 주인공으로, 지금도 일본을 대표하는 디자이너이자 무인양품의 아트디렉터이다.

　브랜드의 각인조차 없는 단순 명료한 무인양품의 물건들은 내 눈을 단번에 사로잡았다. 실용성을 강조한 깔끔한 디자인과 무채색 계열의 컬러로 최대한 절제하면서도 기능성을 유지한 제품들이었다. 출장이든 여행이든 일본에서의 쇼핑 아이템은 한동안 무인양품이었다. 도쿄 도심에서 만나는 큰 규모의 무인양품 매장을 층별로 다니며 쇼핑하는 재미는 나름 쏠쏠했다. 국내에 무인양품 매장이 들어왔을 때의 반응도 무척 컸던 것으로 기억한다.

　일본 제품에 대한 시선이 과거와 같지만은 않지만, 한동안 '무지 스타일'이라 불리며 단순하고 심플하며 자연주의적인 문구, 패브릭, 그릇, 의류를 비롯한 생활 소품들은 우리에게도 적지 않은 영향을 끼친 것은 부정할 수 없다. 지금은 웬만한 물건들은 다 국내 브랜드에서 구할 수 있지만 말이다.

　2009년 회사를 그만두고 사업을 시작했다. 공간 디자인을 전문으로 하는 회사인 만큼 단순한 디자인과 컬러의 물건에 대한 그간의 취향과 집착이 맘껏 발휘될 수 있었다. 높은 천장의

모던하고 심플한 디자인과 컬러로 사용하지 않을 때에도 서랍 안에 넣어두지 않고 책상 위에 두고 쓴다.

무인양품(MUJI)의 전자계산기. 가로 10.8cm, 세로 17.3cm, 높이 1.3cm

모던한 인테리어에 책상 등 가구는 심플하게 화이트와 그레이톤이어야 했다. 컴퓨터는 애플이어야 했고 사무용품과 소품도 신경 써서 골랐다. 함께 일하게 될 디자이너들과 서로 의논을 해가며 회사의 공간과 물건들을 하나씩 준비해나갔다.

거의 마무리될 즈음, 알뜰한 우리 디자이너들은 계산기는 적당한 선에서 고르자며 대표인 나의 주머니 사정을 고려해주었다. 그도 그럴 것이 적당한 선에서 타협을 하면 반도 안 되는 금액에 살 수 있기 때문이었다. 하지만 나는 그때도 어느 정도의 금액은 투자할 만하다고 생각했다. 계산기는 한 번 사면 고장 나는 일도 거의 없을 테니, 오래 사용할 것을 감안해서 마음에 드는 것을 선택하는 것이 맞다고 생각했다.

무인양품 계산기는 검정과 흰색, 그리고 회색이 있다. 디자인 선이 지극히 심플하고 모던하여 직선적이고 깔끔하다. 군더더기 하나 없으니 속이 다 시원하다. 게다가 숫자판이 커서 사용감도 좋다. 경우에 따라 살짝 기울여 사용할 수 있도록 뒷면에 세울 수 있는 데스크 스탠드가 있어 편리하다.

오래 사용해도 싫증 나지 않은 물건. 그중에 하나로 꼽히는 물건이 무인양품의 계산기다. 마치 무인양품의 브랜드 철학인 '이것이면 충분하다'는 것처럼 말이다.

페일링 손톱깎이

이 손톱깎이는 처음에 펼치는 것조차도 생소한 물건이었다.
단단하게 결합되어 있지만, 화살표 부분을 위로 올리면
접혔던 문이 열리듯 금세 우리가 알던 손톱깎이의 형태를 드러낸다.
과연 이렇게 컴팩트한 디자인의 물건을 고장 없이 오래 쓸 수 있을까.
그런데 나의 의구심은 쓰면서 바로 사라졌다.

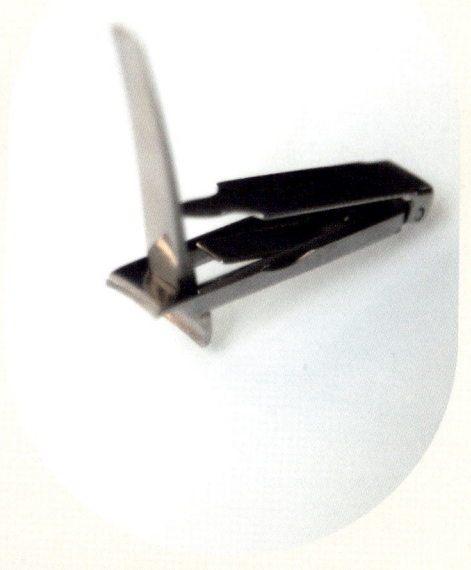

칼의 도시에서
내 손톱을 구하러 왔다

이 책에서 소개하는 33가지의 물건 중 그 크기가 가장 작은 이 녀석은 내가 오랜 시간 요긴하게 잘 쓰고 있는 페일링의 스테인리스 손톱깎이다. 어느 집에나 누구에게나 하나 이상씩은 있는 생필품이면서도, 그렇기 때문에 디자인에는 큰 신경을 쓰지 않는 것. 나에게는 추억의 상자를 열어주는 특별한 열쇠가 되는 물건이다.

    1995년 생애 처음, 열흘간 뉴욕으로 휴가를 떠났다. 함께 일했던 디자이너 친구와 둘이 가는 여행이었는데 친구도 나도 경제적으로 넉넉지 못하던 시절이었다. 우리 둘 다 '디자인을 하는 사람이라면 뉴욕에 가야지'라는 막연한 동경만으로 떠난 터라 친구와 둘이 뉴욕의 허름한 숙소 한 방에서 생활했고, 맥도날드 햄버거를 한 세트만 사서 둘이 반씩 나눠 먹으며 종일 맨해튼을 걸어 누볐음에도 즐겁기만 했던 시간을 보냈다. 여행을 마치고 저녁 숙소로 돌아가는 길, 숙소 근처 리큐어 숍에서 3불짜리 와인 한 병, 근처 마트에서 알뜰하게 아낀 돈으로 사온 간단한 음식으로 저녁을 먹으며 하루하루를 즐겼다. 그러던 중 친구가 손톱을 깎아야겠다며 꺼낸 손톱깎이가 내 눈길을 사로잡았다.

모던하게 각이 지고 얄팍하고 엄지손가락 만한 작은 앙증맞은 크기와 세련된 디자인. 어디서 샀냐고 물어보니 집에 있었던 거라 잘 모르겠다는 것이다. 세상에 멋진 것은 다 모여 있다는 뉴욕엔 이 손톱깎이가 있을 거라 생각하고 다음 날부터 다니는 곳곳에서 찾아보았으나 결국 돌아올 때까지 찾을 수 없었다. 집으로 돌아온 이후에도 찾을 수 있겠지 생각에 수소문하며 다녀보았으나 발견하지 못했다. 당시는 인터넷으로 물건을 찾아서 사는 시대가 아니었으니까 발품을 팔아서 찾을 수 없으면 포기할 수밖에 없었다.

뉴욕 여행으로부터 2년 후, 라이프스타일 브랜드 '전망좋은 방'에서 일하며 스웨덴, 덴마크, 독일 등 유럽의 가구전시회에 출장을 다니던 시절이었다. 전시장에서 일을 마치면 당연히 길거리를 다니며 디자인 스토어들을 둘러보았다. 만날 인연은 반드시 만난다더니 작아서 지나칠 뻔한 손톱깎이가 유럽 골목 안 작은 상점에서 내 눈에 띈 것이다. 이 작은 물건이 어찌나 반갑던지, 손톱깎이치고는 가격도 만만치 않은 5만 원에도 1초도 망설

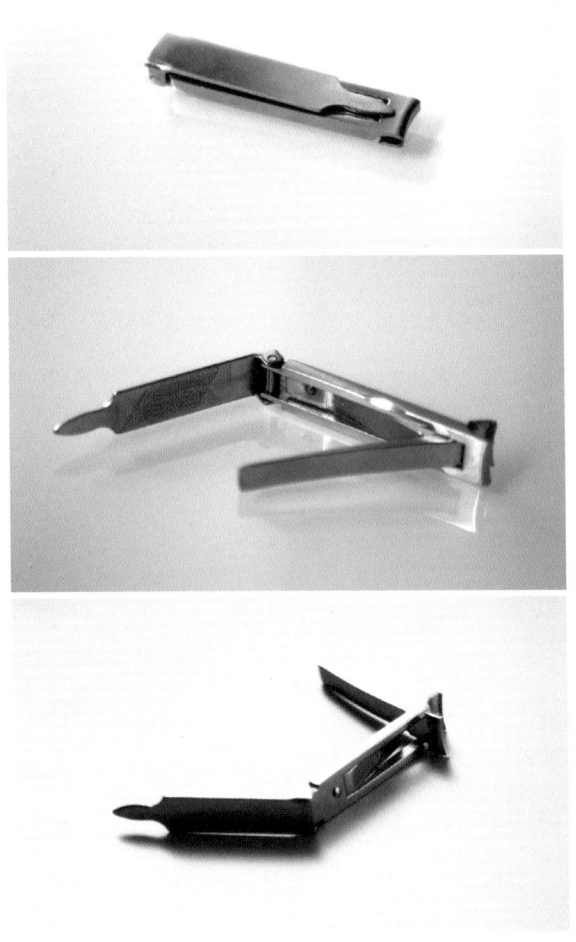

페일링(Pfeiling)의 손톱깎이 이녹스(inox), 가로 6cm.

이지 않고 단숨에 사버렸다. 그때부터 지금까지 무려 25년간 이 손톱깎이를 잃어버리지 않고 쓰면서 항상 애지중지하고 있다. 집에서도 쓰지만 여행 갈 때 파우치에 항상 챙길 만큼, 수납력과 기능성, 디자인 모두 만족하는 필수템이다.

중세시대 최고의 검을 제작하던 독일의 도시 졸링겐Solingen은 현대에 와서는 칼과 철가공품, 특히 나이프 및 커트러리가 특산품이며, 쌍둥이 칼로 알려진 즈윌링 헹켈이나 페일링처럼 독일뿐 아니라 전 세계적으로도 유명한 제품을 생산해내는 칼의 도시다. 페일링 역시 제품명 아래 도시명을 넣어 자부심을 표현한다. 1896년 설립된 페일링Pfeiling은 핀셋, 가위, 각종 깎이 도구를 생산하는데, 특히 손톱깎이나 작은 미용가위 등에서 명품으로 인정받아 손톱깎이 계의 에르메스로도 불린다.

작고 얇고 가벼운 이 손톱깎이는 처음에 펼치는 것조차도 생소한 물건이었다. 단단하게 결합되어 있지만, 화살표 부분을 위로 올리면 접혔던 문이 열리듯 금세 우리가 알던 손톱깎이의 형태를 드러낸다. 과연 이렇게 컴팩트한 디자인의 물건을 고장 없이 오래 쓸 수 있을까. 그런데 나의 의구심은 쓰면서 바로 사라졌다.

일단 한 번 알고 나니 펴고 접는 것이 아주 간단한 시스템이어서 아주 편리하다. 하지만 처음 대하는 다른 사람들도 나처럼 어렵다고 하는 경우가 많아서 나는 이 손톱깎이를 빌려줄 때 수수께끼 내듯이 펼쳐보라고 장난을 치곤 한다.

이 작고 납작한 손톱깎이는 손톱을 자를 때 절단력이 아주 좋아서 쉽게 잘라지고 자른 손톱 면이 많이 거칠지 않다. 게다가 벌써 사용한 지가 25년이나 됐는데, 아직도 살 때 그대로 고장도 헐거워짐도 없고 자르는 기능도 변함이 없어서 신기할 정도이다.

제품명에도 들어간 이녹스inox는 불어로 스테인리스를 뜻한다. 그만큼 녹슬거나 부식이 되어 거칠어지지 않는 것은 당연하고 낡은 느낌이 전혀 들지 않도록 표면 처리도 잘 되어 있다. 평생 이보다 좋은 손톱깎이를 발견하고 살 일은 없을 거라고 자신 있게 얘기할 수 있을 정도다. 처음 샀을 때 사이즈에 딱 맞는 가죽 포켓이 있었으나 얼마 안 가서 잃어버려 아쉬운 마음이 좀 있는 것 말고는 그야말로 완벽하게 마음에 드는 물건이니 잃어버리지 말고 끝까지 간직하고 쓰고 싶다.

언더 선반과 접시 랙

인테리어에 있어 수납과 정리만큼 중요한 것은 없다.
수납하기 용이하고 사용하기 편리하고
보기에도 좋은 언더 선반과 3단 접시 랙은
주방뿐만 아니라 팬트리와 옷방에서도 활용도가 높다.

인테리어의 시작은 수납

나는 집 안의 물건들이 제자리에 정돈되어 있지 않으면 가만히 두고 보지 못한다. 그러니 아침에 외출을 할 때 모든 것이 제자리에 놓여 있어야 집을 나설 수 있다. 그래서 외출 전에 집 정리까지 마쳐야 하니 준비를 좀 더 서둘러야 한다. 집 안의 물건들을 제자리에 잘 정리해두고 외출을 하면 돌아왔을 때 집을 들어서는 순간 눈앞에 할 일이 없으니 일단 편안한 마음이 든다. 또 혹시라도 저녁식사를 준비하더라도 정리된 주방에서 시작할 수 있으니 시간도 여유롭다.

때로 주변 사람들은 우리 집을 모델하우스 같다고 하면서 이렇게 유지하고 살려면 피곤하지 않느냐고 묻는 경우가 있다. 이런 나의 습관은 이미 40년이란 꽤 오랜 세월 동안 해온 것이라 오히려 이렇게 사는 것이 편하고 익숙하다.

결혼 초에 남편은 나의 이런 생활 습관을 어려워했지만 어느새 남편도 나에게 동화되어 좋은 정리 습관을 갖게 되었고, 이제는 남편도 어질러져 있는 걸 보기 힘들어 할 정도다. 우리에게 하나뿐인 아들도 본인의 방은 다소 편하게 쓰는 편이나 우리 가족의 공동 공간은 절대 흐트러트리는 경우가 없다. 아들의 개인 방은 좀 어질러져 있어도 나는 터치하지 않는다. 본인의 방까지 내가 단속을 해서 가족 개개인의 개성을 무시하고 싶지는 않기 때문이다.

하지만 주방은 다르다. 주방은 나만 사용하는 것이 아니고 가족 공동의 공간이기 때문이다. 가족이 협조해주지 않으면 주방을 깔끔하게 유지하기가 어렵다. 가족들이 함께 정리하고 물건을 찾고 사용하기 쉽도록 체계적으로 수납을 해두는 모두의 습관이 필요하다. 주방이 잘 정리된 모습을 유지하는 데 가장 큰 도움을 준 것이 바로 언더 선반과 접시 랙이다.

주방 수납에 대한 나의 생각 중 중요한 포인트는 모든 물건은 한눈에 보여야 하고, 한 손으로 꺼내고 집어 넣을 수 있어야 한다는 것이다. 접시나 도구들을 종류별로 나눠서 칸칸이 보관하지 않고 겹쳐놓으면, 아래 것을 꺼낼 때 위의 것을 한 손으로 들어올리고 있거나 무거운 것은 꺼내놓고 아래 것을 꺼내야 하니 불편하고 시간도 많이 걸린다.

주방에서도 자주 쓰는 꼭 필요한 도구와 그릇들을 정해서

인테리어에 있어 수납과 정리만큼 중요한 것은 없다. 언더 선반은 주방뿐 아니라 팬트리, 옷방에서도 쓰임새가 많다.

체계적으로 수납해서 사용하는 것이 사용하기 편하고 보기에도 좋다. 이렇게 하려면 처음에 수납할 때 수납 방법에 대한 생각을 먼저 해야 하고 시간도 많이 걸리지만, 한 번 체계적으로 해두면 쓸 때마다 꺼내 쓰기 편하고 제자리에 돌려놓기도 아주 쉽다는 것을 곧 알게 된다.

주방에서 수납이 중요하다고 생각한 때는 아이가 초등학교 3학년이 되어서 8년간의 시댁과의 동거를 마치고 우리 세 식구만의 공간을 가졌을 때였다. 직장을 다니며 아이를 키우다 보니 퇴근 후 집으로 돌아가 빠른 시간 안에 저녁 준비를 해야 했다. 그러니 당연히 주방 살림살이가 잘 정리되어 일하기 편하게 수납되어 있어야 했다.

모든 일이 그렇듯이 수납도 한번에 완벽할 수는 없다. 크고 작은 플라스틱, 금속, 스테인리스 재질의 수납용품들을 사용하며 개선해나갔다. 그러기를 오랜 시간이 지난 지금, 가장 최선이라고 생각하는 수납을 하고 있다. 당연히 생활하다 보면 또 다른 방법이 생길 수 있겠지만, 지금 이 두 가지 수납 도구는 오랫동안 사용하고 있으니 웬만한 참신한 도구가 아니면 쉽게 바꿀 일은 없을 것 같다. 그만큼 수납하기 용이하고 사용하기 편리하고 보기에도 좋은 물건들이다.

언더 선반
Small: 가로 28cm, 세로 26cm, 높이 19cm
Medium: 가로 38cm, 세로 26cm, 높이 19cm
Large: 가로 48cm, 세로 26cm, 높이 19cm

접시 랙
3단, 가로 24cm, 높이 19cm

선반 아래 죽은 공간을 살려주는 언더 선반은 브랜드에 따라서 약간의 차이가 있으나 작은 것은 28cm, 중간 것은 38cm, 큰 것은 48cm가 있다. 우리 집 주방 상부장의 사이즈에는 작은 것과 큰 것이 맞아서 두 가지 사이즈를 사용하고 있고, 중간 사이즈는 옷 수납장에 걸쳐서 사용한다. 3단 접시 랙도 여러 가지 비슷한 것을 써보다가 이 디자인으로 정착했다. 다른 것들은 접시 사이즈에 구애를 많이 받지만, 이 디자인은 접시 사이즈에 크게 좌우되지 않고 3단을 쓸 수 있다.

이 두 가지 수납 도구에 체계적으로 그릇들을 수납했고 설거지 후 마른 그릇들을 편하게 제자리에 돌려놓기가 좋으니, 나뿐 아니라 남편과 아들도 그릇을 꺼내 쓰고 넣어두기도 편하다고 한다. 이렇게 하면 주방에서의 시간을 생각보다 많이 절약할 수 있을 뿐만 아니라 누구나 손쉽게 주방용품들을 항상 제자리에 깔끔하게 정리정돈할 수 있으므로 깨끗하고 산뜻하게 주방 일을 할 수 있게 된다.

언더 선반은 주방에서뿐 아니라 옷장에서도 역할을 톡톡히 한다. 옷장에 옷을 수납하다 보면 선반의 위쪽에 빈 공간이 많이 생긴다. 이 선반에 빈 공간 없이 티셔츠 등을 쌓아두면 아래 것을 꺼낼 때 옷들이 흐트러져 금세 어질러진다. 티셔츠 같은 옷을 보통 3~4장, 최대한 5장 이상 쌓아두지 않기 때문에 이렇게 하면 꺼내기 쉽고 정리하기는 좋은데 선반의 위쪽에 빈 공간이 많이 남는다. 이럴 때 언더 선반이 꼭 필요하다. 선반의 남은 공간에 언더 선반을 끼우고 옷을 수납하면 거의 2배 정도의 양을 소화할 수 있다.

지금의 단독주택을 설계하고 지으면서 작은 평수에 작은 건평이지만 거실을 크게 하고 싶었다. 그래서 우리 집 주방, 침실, 욕실 등은 아주 작다. 그러니 옷방도 작을 수밖에 없다. 작은 옷방에 모든 옷, 가방, 액세서리들을 수납하는데도 이 언더 선반은 유용했다. 물건들이 한눈에 보이므로 찾아 쓰기 좋고 꺼내고 다시 집어넣기 좋은 수납으로 완성시켜준 아이템이다.

화이트 타월과 넬리 세제

내가 이렇게 화이트 타월에 집착하는 것은
일찍이 돌아가신 친정엄마의 영향인 것 같다.
어린 시절 우리 집은 아버지의 사업 실패로 어려운 시기가 있었다.
집은 작고 초라했지만 엄마의 주방은 언제나 깨끗했다.

언제나 새것처럼
하얗게 선명하게

질 좋은 타월은 매일 세탁기를 돌려도 오래 사용할 수 있다. 사실 타월은 사서 쓰지 않아도 기념품으로 들어오는 것만으로도 넘친다. 하지만 기념품으로 들어오는 타월은 사용하지 않는다. 기념이 되는 글자를 큼지막하게 눈에 띄는 색으로 써넣은 타월을 나의 욕실에 걸어놓고 싶지 않다.

나의 욕실을 아름답고 깔끔하게 유지하기 위해서 타월은 마음에 드는 것으로 사서 쓴다. 그리고 기본적으로 타월은 화이트다. 그리고 화이트 타월을 살 때 아이보리와 함께 사지 않는다. 화이트와 아이보리 컬러는 비슷한 듯 달라서 같이 놓으면 두 가지 색이 각각 예뻐 보이지 않는다. 간혹 색 있는 타올을 살 때는 그레이 계열이나 내추럴 컬러를 선택해서 화이트 컬러와 함께 놓아도 잘 어울리도록 한다.

시댁과 8년간 같이 살다가 분가할 때 아파트 실내 인테리어를 새로 했다. 이때 화이트 컬러의 무지 타월을 구입하고 싶었지만 도저히 파는 곳을 찾을 수 없었다. 갖고 싶은 걸 포기하지 못하고 타월 공장을 찾아갔다. 공장에서는 세면타월 100장, 샤워타월 30장을 주문해야만 줄 수 있다고 했다.

내 주변에는 주로 디자이너들이었고 디자이너들은 이런 면에서 공감하는 부분들이 많았기 때문에 쉽게 공동 구매할 세 사람을 구할 수 있었다. 100장, 30장을 주문해서 네 명이 나눠 가졌다. 새하얀 타월은 내 맘에 쏙 들었고 꽤 오랫동안 사용할 수 있었다. 그리고 세월이 흘러 이제는 원하는 무지의 화이트 타월을 쉽게 살 수 있게 되었다.

행주도 마찬가지다. 주방에서 쓰는 행주도 무조건 화이트다. 식기는 식기세척기에 넣으면 말라서 나오고 세척기를 안 쓰는 경우라도 아랫 부분이 통풍이 잘되는 건조대에 그릇끼리 겹치지 않게 엎어두면 잘 마르기 때문에 행주로 음식이 담기는 그릇을 닦을 일은 거의 없다.

큰 냄비 등 잠시 물을 빼고 닦아서 그릇장에 넣을 때 가끔 쓰는 행주와 손 닦는 행주 두 가지를 사용하는데 특히 손 닦는 행주는 화이트여야 한다. 싱크대에서 물 묻은 손을 몇 번 닦다 보면 하얀색 행주가 누렇게 변해가는 모습이 보인다. 그런데 색이 있는 손 닦는 행주를 쓰면 이 오염이 가려져서 안 보이기 때문에 생각보다 긴 시간 사용하게 된다.

내가 이렇게 화이트 타월과 행주에 집착하는 것은 67세에 일찍이 돌아가신 친정엄마의 영향인 것 같다. 어린 시절 우리 집은 아버지의 사업 실패로 어려운 시기가 있었다. 그래서 사는 집도 작고 초라했지만 엄마의 주방은 언제나 깨끗했다.

어려운 가정 살림 속에서도 엄마의 주방은 완벽히 정갈했다. 정리 정돈뿐 아니라 설거지 후 주변 정리도 너무나 깔끔했다. 후에 생활이 좀 나아져서 싱크대가 있는 집으로 이사를 했는데 이때부터는 싱크대 주변에 물 한 방울도 떨어져 있지 않았다. 그러니 행주는 어땠을까? 엄마의 행주는 항상 새하얗고 깨끗했다.

타월은 기념품으로 들어오는 것이 있으니 갖가지 색을 썼지만 행주는 시장에서 항상 하얀 행주를 사 오셨다. 그런데 엄마의 기념품 타월과 하얀 행주는 오래 사용을 하는데도 항상 깨끗하고 뽀송뽀송했다. 어려서 외출했다 집에 돌아가면 불 위 들통에 들어 있는 타월이나 행주 삶는 냄새가 자주 났던 기억이 생생하다. 그러니 깨끗할 수밖에.

낡아서 얇아지고 거칠어진 수건이 거슬리는 것은 엄마를

하얗고 뽀송한 타월로 하루를 시작하면 기분이 상쾌하다. 화이트 타월과 넬리(Nellie's) 소다세제.

그대로 닮은 까다로운 나의 성격 때문인 것 같다. 나는 타월을 세탁기에 돌린다. 엄마처럼 불 위에 올려 삶지는 않지만, 가끔 세탁기의 삶음 기능을 사용하는 거 말고는 세탁기로 세탁하는 건 마찬가지다.

생각해보니 세탁 세제로 넬리 소다세제를 사용한 지가 꽤 오래됐다. 처음엔 넬리 여사가 모델로 디자인되어 있는 알루미늄 틴케이스 용기가 마음에 들어서였다. 세제가 훌륭하다는 얘기를 들었지만 용기가 마음에 들어서라니, 나의 디자인에 대한 집착은 스스로도 놀랄 정도다.

넬리 세제는 지속 가능한 환경과 인류를 위하여 설립된 북미 최대의 에코 인증을 받았다. 넬리 여사는 캐나다에서 30년간 간호사 생활을 하면서 두 아이를 키웠다. 그는 아이들에게 소박하고 정직한 삶, 자연을 오염시키지 않는 친환경적인 삶을 항상 강조하면서 가정에서 자연 유래 세제를 아이들과 함께 만들어서 사용했다. 이런 과정을 통해 넬리 제품이 탄생되었고, 소다와 코코넛 유래 원료들을 사용한 넬리 소다세제는 세탁력, 안전함에서 우수함을 인정받으면서 세제 찌꺼기가 남지 않는 친환경적인 자연 유래 원료의 세제로 많은 이들의 사랑을 받고 있다.

넬리 소다세제는 SLS, 인산, 합성 색소, 형광 증백제, 염소

표백제 등이 포함되지 않았고, 특히 인공 향을 넣지 않아 향에 민감한 사람들이 사용하기에 좋다. 또한 자연 유래 소다와 자연 유래 미네랄이 사용되어 적은 양을 사용해도 세탁력이 좋고 냉수, 온수 상관없이 빠르게 용해되어 세제 잔여물이 옷에 남지 않는 헹굼력의 우수성 때문에 아이들을 둔 엄마들이 많이 선호한다.

지금은 큰 용기로 저렴한 대용량을 구입해서 원래의 틴케이스에 덜어서 사용한다. 이 세제에 과탄산소다를 같이 넣고 유연제로 구연산을 사용한다. 그리고 건조대로 옮겨 타월 기능으로 건조 후 꺼내면 뽀송뽀송 새것같이 쓸 수 있다.

이렇게 하얀 타월을 볼 때마다 엄마가 생각난다. 엄마가 매일 세탁해 사용한 하얀 타월과 행주, 언제나 깨끗했던 주방을 떠올리며 뽀송뽀송한 추억에 잠긴다.

스위퍼 먼지털이

미네랄 오일 활성 코팅으로 한 번 잡은 먼지는
잘 떨어지지 않을 뿐만 아니라,
틈새 먼지, 미세 먼지 흡착이 뛰어나다.
더스터 덕분에 청소가 한결 쉬워졌다.

집 안 곳곳 먼지는
더스터에 맡겨라

집 안의 모든 공간이 잘 정리되어 있고 수납이 잘 되어 있으면 청소를 좀 거르더라도 집은 깔끔해 보인다. 나의 지인들이 우리 집을 보고 모델하우스 같다고 하면서 청소하기 힘들지 않냐고 질문을 하곤 하지만, 사실 나는 청소를 매일 열심히 하지는 않는다. 오히려 청소는 띄엄띄엄 한다. 게다가 바닥 청소는 내가 노력하지 않아도 할 수 있는 방법이 있다.

바닥을 보고 청소를 해야겠다고 생각하는 게 주 2회 정도 인데, 일단 청소기를 돌린다. 요즘 로봇청소기는 성능이 아주 좋아서 구석구석까지 잘 찾아다니고 문턱, 가구, 러그 등을 잘 피해다니며 턱이 있어 떨어질까 염려되는 부분에서도 떨어지지 않는다.

로봇청소기를 돌릴 때 전선줄 정도만 걸리지 않도록 하면 바닥 먼지와 머리카락 등 청소가 문제 없이 잘 된다. 로봇청소기

후에는 물걸레 로봇청소기를 돌린다. 물걸레 로봇청소기도 성능이 아주 좋아져서 그냥 진공청소기 성능과 거의 같으면서 물걸레질을 해주니 두 가지 청소기로 바닥은 거의 완벽하다.

그런데 바닥이 아닌 먼지 청소는 다른 얘기다. 먼지는 닦기가 힘들다. 물걸레로 닦으면 먼지가 뭉쳐서 남는다. 전자제품 등은 얼룩이 생기고 청소포를 들고 닦으면 좀 낫지만, 사이사이 손이 들어가지 않거나 자잘한 물건들 사이로 손을 넣을 수 없으니 물건을 옮겨가며 닦아야 한다.

그런데 먼지를 닦는 걸 아주 쉽게 해주는 아이템이 있다. 청소에 꽤 요긴한 이 먼지털이를 내게 알려준 사람은 나와 10년을 함께 일한 디자이너 후배다. 내가 뉴욕에서 1년 살기를 할 때 마침 회사를 그만둔 그녀는 리프레시 삼아 내가 있는 뉴욕으로 왔다.

후배는 나의 스튜디오와 지하철 한 정거장 떨어진 곳에 스튜디오를 렌트했고, 우리는 낮에는 각자 스케줄대로 지내고 저녁 시간은 함께하며 따로 또 같이 지냈다. 후배는 그때 배우자를 만나 다음 해에 그곳에서 결혼했다. 나는 후배의 결혼식에 참석하기 위해 다시 뉴욕으로 갔고, 지금의 그녀 남편 집에 다같이 머무르며 결혼식을 치렀다.

우리는 오래 일하며 좋아하는 것을 함께 공유했고 미국의

한 번 잡은 먼지를 놓치지 않는 신통한 먼지털이.

결혼식에 참석할 정도로 매우 친하다. 그녀는 미국에서 살면서 새로 접하는 좋은 물건들이 있을 때마다 나에게 정보를 주곤 했다. 그중에 바로 이 신박한 먼지털이가 있었다.

미국의 생활용품 브랜드 스위퍼Swiffer의 먼지털이 더스터 Duster는 미네랄 오일 활성 코팅으로 먼지 입자를 잡고 가두기 때문에 한 번 잡은 먼지는 잘 떨어지지 않는다. 뛰어난 먼지 흡착력으로 틈새 먼지, 미세 먼지 제거도 완벽하다. 미국 코스트코에서 샀고 부피가 커서 두 박스를 한 박스로 합했다며 우편으로 보내왔다.

그녀가 미국에서 여기까지 보내줄 이유가 충분할 만큼 유용한 이 먼지털이는 핸들에 청소포를 간단히 끼우고 청소포 부분을 손으로 살짝 비벼서 풍성하게 한 후 사용한다. 일단 핸들도 청소포도 가벼워서 부담이 없다. 이 가벼움 때문에 물건 사이사이 좁은 공간도 살짝살짝 들어가면서 먼지를 흡착한다.

우선 선반이나 가구 위의 물건 사이사이를 닦고 나서 큰 면적을 슥슥 지나가면 신기할 만큼 먼지가 달라붙는다. 여기서 굳이 '슥슥'이라고 표현한 이유는 그야말로 힘주지 않고 슥슥 지나가면 되기 때문이다. 선반이나 가구의 먼지를 모두 닦아내도 청소포 부분이 더 닦아도 될 정도로 여유가 있다.

스위퍼(Swiffer)의 먼지털이. 손잡이: 가로 3.2cm, 세로 32cm. 청소포: 가로 11.5cm, 세로 18cm.

나는 이럴 때 청소기로 해결이 안 된 구석이나 가구 아래 폭이 좁아서 청소기가 못 들어간 부분을 슥슥 닦아준다. 먼지가 딱 달라붙어 다시 날리지도 않는다. 그러니 버릴 정도로 먼지가 많이 달라붙어 있지 않으면 먼지가 더 많은 부분을 찾아내 닦아낸다. 우리 집은 중층으로 올라가는 계단의 구조상 가장 먼지가 잘 끼는 곳인데 이 한 장으로 계단 아래까지 닦아낼 수 있으니 신통할 따름이다. 더스터 덕분에 청소가 한결 쉬워졌다.

　그런데 이 신박한 먼지털이가 우리나라 코스트코에도 입성했다. 어찌나 반가운지. 저렴한 편은 아니지만 노동을 줄여주는 것을 감안하면 가성비가 나쁘지는 않아서 세일 때 여유 있게 사두곤 한다. 최근엔 네이버 스토어에 스위퍼 공식몰이 오픈해 언제든 필요하면 온라인 쇼핑도 가능하다. 최근에 친환경 살림을 실천하고자 물티슈 등을 되도록 쓰지 않으려고 하지만 이 먼지털이만큼은 포기가 안 된다.

　정리와 수납처럼 청소도 습관이 필요하다. 처음에는 귀찮더라도 습관이 되고 나면 누구나 깨끗하고 깔끔한 집을 유지할 수 있다.

취미

즐 겁 고   건 강 하 게

뱅앤올룹슨 블루투스 무선 스피커

모던한 감각의 심플한 디자인으로 음악을 들을 때뿐 아니라
인테리어적인 면에서도 훌륭하다. 가죽 재질의 심플한 핸들은
들고 다니는데 아주 편리해서 거실에서 아들 방으로,
아들 방에서 다시 거실로, 때로는 테라스로 필요할 때
옮겨 다니기 좋다. 언제 어디서나 음악과 함께하고 싶은
이들에게는 이보다 더 멋진 물건이 또 있을까.

언제 어디서나
음악

 우리 집 대부분 물건들은 내가 고르고 선택한다. 나 혼자 사용하는 것 말고 가족들이 함께 사용하는 것도 의견은 물어보고 참고는 하지만 결정은 내가 한다. 내 물건 고르는 기준에 의해 구입한 물건을 남편과 아들이 사용하며 좀 불편하다고 얘기할 때가 있는데, '좀 불편해도 좀 더 사용하다 보면 익숙해질 거야'라며 웬만하면 양보하거나 포기하지 않는다.
 디자인이 좋으면 좀 불편해도 용서가 된다는 나의 생각이 이제는 가족들에게도 잘 받아들여지고 있다. 가끔 그래도 계속 불편해할 때가 있는데, 이럴 때는 나도 다시 한 번 나의 선택에 대해서 신중하게 생각해보고 사용 여부를 결정한다.
 그런데 내가 고르려고 나서지 않는 아이템이 있다. 바로 음악에 관련된 부분이다. 일찌감치 음악에 관한 한 남편의 감각이나 지식은 나보다 훨씬 앞서고, 제품 정보 역시 나보다 더 많이 갖고 있다. 음악에 대해 훌륭한 소양을 갖고 있으며 음악을 진심으로 좋아하는 남편을 인정한다.

이런 아빠를 둔 아들은 태어나기 전부터 집 안 가득한 음악 속에서 자라났다. 남편은 아들이 목을 가누고 앉을 수 있을 한두 살 때 거실에 비틀스의 음악을 틀어놓고 아들을 배 위에 앉혀놓고 놀아주고는 했다. 아침이면 잔잔하고 아름다운 클래식을 틀었고, 주말에 청소기를 돌릴 때는 CCR의 신나는 음악을 틀고 청소를 했다.

이런 환경에서 아들은 자연스럽게 음악과 가까워졌고 좋아했다. 중학교 시절에는 가까운 친구들에게 자신이 좋아하고 함께 듣고 싶은 음악을 들려주면서 영향을 주곤 했다. 행여 친구 엄마들이 공부에 방해되는 음악을 공유하는 우리 아들을 싫어할까 염려도 됐었다. 다행히 엄마들은 아이들이 공부하는 와중에 취미가 있어서 스트레스를 풀 수 있으니 오히려 반갑다고 좋아해주었다.

아들은 고등학교 1학년 여름방학에 미국으로 유학을 떠났다. 대학을 선택할 때 본인이 좋아하는 음악을 하는 것은 조부모님의 기대와 부모의 지원에 반하는 것이라 생각하고 치과대학을 가기 위한 화학을 전공으로 선택했다. 그 마음이 가상하다고 기특하게 생각하던 우리와는 다르게, 화학과를 2년 다니던 아들은

결국 전공을 계속하지 않겠다고 한국으로 돌아왔다. 그리곤 군대를 갔고 군대 생활을 거의 마칠 시점 즈음해서 전공을 바꿔서 음악대학에 가고 싶다고 속마음을 털어놓았다.

우리 부부는 아들의 인생을 위해서 본인이 하고 싶은 것을 하도록 아들의 선택을 기꺼이 받아들였다. 뉴욕으로 다시 돌아가 원하던 음악대학을 마치고 귀국했고, 지금은 전공과 관련 있는 일을 열심히 하고 있다.

(우리 집안 남자들의 내력 때문인지) 아들도 남편처럼 물건을 잘 사들이지 않는다. 학교 다닐 때도 웬만해서는 뭘 사달라고 한 적이 거의 없었다. 그런 아들이 신입사원 시절, 그리 많지 않은 월급 중에 투자해서 산 것이 이 뱅앤올룹슨 블루투스 무선 스피커이다. 컬러는 함께 의견을 나눈 후 블랙으로 선택했다.

덴마크 홈 엔터테인먼트 브랜드 뱅앤올룹슨Bang & Olufson: B&O은 누구나 좋아하는 디자인과 뛰어난 기술력으로 전 세계 많은 사람들로부터 사랑받고 있다. 1925년 설립된 뱅앤올룹슨은 오랜 전통과 장인정신에 기초한 감각적인 디자인과 편리성을 가장 중요시하는 브랜드이다.

4세대 디자인으로 일컬어지는 이 스피커는 디자이너 세실리에 만즈Cecilie Manz의 작품이다. 덴마크 디자인 스쿨에서 디자

뱅앤올룹슨(Bang & Olufsen), 베오릿 20 블루투스 무선 스피커(Black), 세실리에 만즈(Cecilie Manz), 가로 13.5cm, 세로 18.9cm, 높이 23cm.

인을 전공했으며 가구, 조명, 패브릭, 전자제품까지 디자인 카테고리에 제한을 두지 않고 활동하고 있다. 예술가이자 디자이너인 부모의 작업실에서 어려서부터 디자인의 세계에 접했던 그는 덴마크 특유의 자유로움과 탁월한 색감으로 디자인과 기능을 모두 겸비한 제품을 탄생시켰다.

상징적인 스피커 디자인을 진화시킨 베오릿 20은 클래식한 실루엣에 모던한 감각을 더했다. 새로운 그릴과 간단하고 직관적인 제어버튼 등의 디자인 요소를 간결하게 표현해 뛰어난 완성도를 보여준다.

이 스피커는 일단 소리가 좋다. 작은 포터블 사이즈이지만 풍부한 저음과 B&O 특유의 맑은 사운드는 자타가 공인하는 부분이고 그래서 아들이 선택했을 것이다. 거기에 아들은 오래 전부터 나의 영향을 받아 아트나 디자인에 관심이 많다. 아들이 이 스피커를 선택할 때는 소리는 당연한 것이었을 테고 디자인도 많은 부분을 차지했을 것이다.

모던한 감각의 심플한 디자인으로 음악을 들을 때뿐 아니라 인테리어적인 면에서도 훌륭하다. 가죽 재질의 심플한 핸들은 들고 다니는데 아주 편리해서 거실에서 아들 방으로, 아들 방에서 다시 거실로, 때로는 테라스로 필요할 때 옮겨 다니기에도 좋다.

야외에서도 사용할 수 있는 이 스피커는 한 번 충전으로 최대 8시간 지속해서 음악을 들을 수 있고, 기기 상부에 핸드폰을 올려놓고 음악을 플레이하면서 무선으로 충전까지 되는 아주 똑똑한 아이템이다.

싱거 재봉틀

대학 졸업 후 항상 바쁜 일상으로 미싱 앞에 다시 앉아
뭔가를 만들 여유가 없었던 시절에도 다시 찾고 싶었던
나의 취미는 어느 날, 싱거 미싱을 구입하면서 다시 시작되었다.
학비 걱정에 심란한 딸에게 의상학과 원서를 갖다주시며
대학에 가서 배우라던 재봉질이 지금은 나만의 소중한 취미가 되었다.

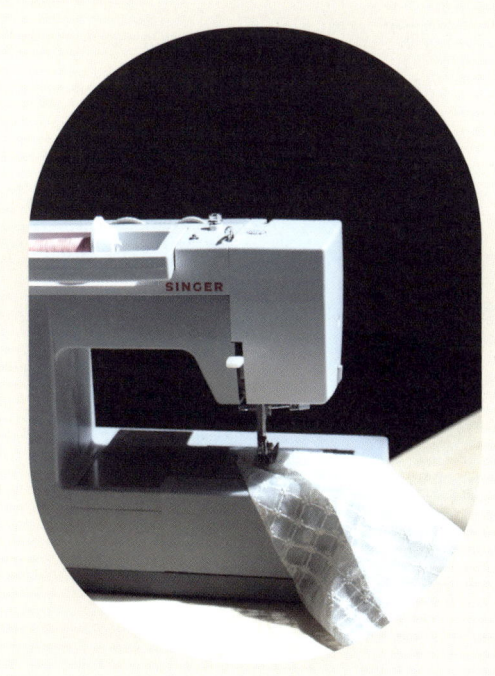

오랫동안 소망했던
취미 생활

나는 아버지 덕분에 재봉질을 배웠다. 내가 여기서 미싱을 다루는 것을 재봉질이라고 하는 것에는 이유가 있다.

내가 대학에 들어가던 해에 우리 집이 경제적으로 어려워서 대학 가는 걸 포기해야 하는 상황이 되고 있었다. 한없이 상심해 있을 때 어려운 상황이지만 교육열이 남달리 강했던 아버지는 2년제 대학의 의상학과 원서를 내게 내미셨다.

4년제 대학 등록금의 반이었고 햇수도 2년만 다니면 되니까 재봉 기술을 배워서 취직하라는 아버지의 권고로 나는 의상학과에 진학했다. 어렵게 진학한 대학이니 2년제 대학이라도 열심히 하면 될 거라는 생각으로 성실하게 학교를 다녔고 학교 활동에도 적극적으로 참여했다.

의상학과는 패션을 이해하고 패션 디자이너가 될 수 있는 과목들로 이루어져 있었다. 아버지의 생각처럼 먹고 살 수 있을

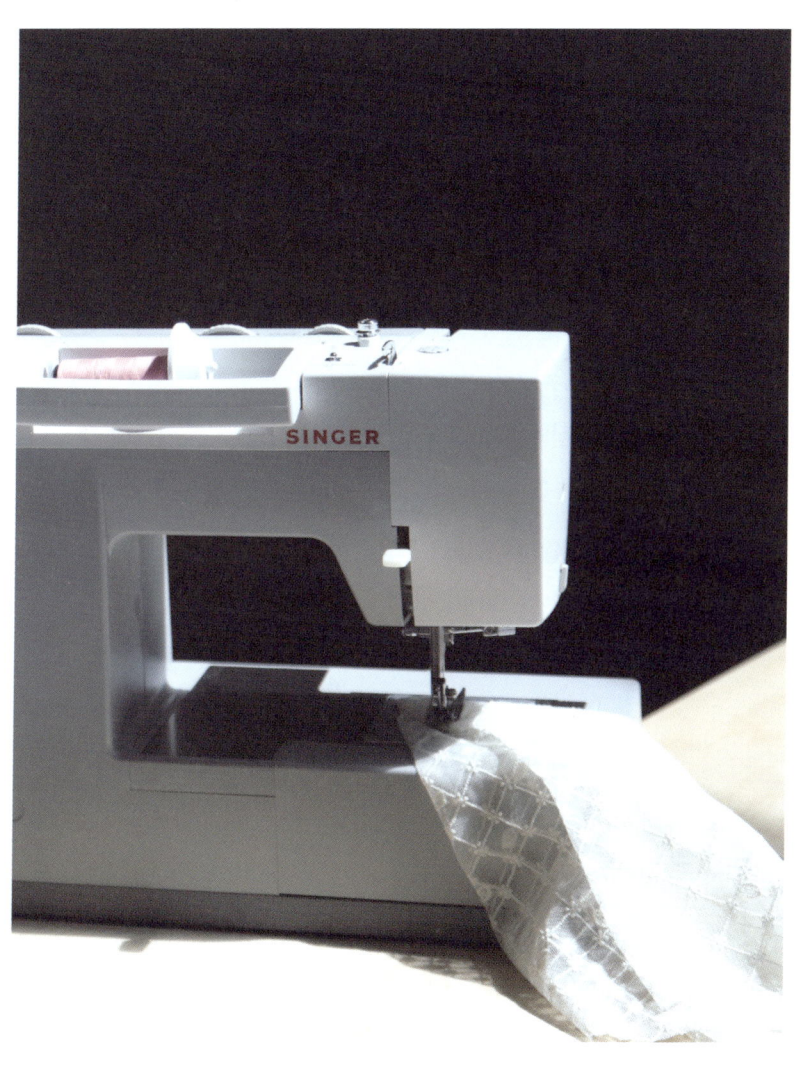

취미 생활에 필요한 재봉틀 싱거는 성능도 좋지만 공간에 두고 늘 보아도 훌륭한 디자인이다.

만큼의 재봉 기술을 가르쳐주지는 않았지만 옷과 패션, 디자인을 다루는 과목들을 골고루 들으며 공부하는 것이 좋았다. 4년제 대학에 입학할 수 있는 형편이 아니라 2년제 대학에 들어왔지만, 나의 적성에 너무 잘 맞았다. 아버지 말씀처럼 재봉질도 좋았다. 입고 싶은 옷을 직접 만들어 입곤 했다. 디자인한 옷을 직접 만들어 졸업작품전인 패션쇼에 올리는 뿌듯한 경험도 했다.

대학 2년을 마치기 전 11월에 나는 학과장님의 추천을 받아 대기업인 삼성의 제일모직에 디자이너 시험을 볼 기회를 갖게 되었다. 4년제 대학을 나와서도 들어가기 어렵다는 제일모직의 디자이너 시험에 응시하는 것만으로도 가슴 떨리는 일이었지만, 막상 가보니 25여 개 전문대학에서 추천받은 50명이 넘는 응시자가 있었다. 최종 두 명을 선발하는 시험에서 나는 운 좋게도 두 명 중에 한 명으로 뽑혀, 누구나 선망하는 제일모직에서 디자이너 생활을 시작할 수 있었다.

대기업의 디자이너는 디자이너가 직접 미싱 작업을 하는 시스템이 아니었다. 재단하는 전문가, 재봉하는 전문가가 있어서 디자이너가 디자인한 그림대로 제작을 해주는 것이다. 가봉을 하고 옷이 의도대로 나오도록 협의를 거치지만, 회사에서 디자이너가 미싱 앞에 앉을 일은 없었다. 그러다 보니 미싱은 점점 나에게서 멀어져갔다.

집에서는 엄마가 오랫동안 쓰시던 테이블 형태의 미싱을 사용했었지만, 결혼을 하면서 작은 평수의 아파트에 자리를 차지하는 재봉틀을 가지고 올 수는 없었다. 손재주가 많아서 아기자기하게 예쁜 것을 만들어주시던 엄마의 추억이 있는 미싱은 엄마가 이른 연세에 돌아가시고 나서는 친정집에서도 간직하지 못한 채 사라져버렸다.

워킹맘으로 바쁘게 살아오면서도 때때로 미싱 생각이 났다. 인테리어 관련 일을 하니 손으로 뭔가 만드는 일에 익숙했고 취미로 소품 정도는 만들어볼 수 있겠다 싶었다. 그러다 급기야 조금씩이라도 시간을 내서 내 옷을 수선이라도 하자는 생각에 미싱을 구입했다. 새롭게 내가 갖고 싶은 미싱은 어릴 때 집에 있던 크기보다 훨씬 작은 것이었다.

 브랜드는 당연히 싱거Singer. 미싱은 '싱거'라는 생각을 하고 있었지만 그래도 새로운 물건을 살 때는 이것저것 비교 분석을 해야 한다. 그런데 다른 어떤 것을 보아도 마음에 들지 않았다. 뭔지 모르게 비슷한 듯 한 점 모자라는 부분들이 있어서 가격이 낮다고 해서 선택되어지지 않았다.

 싱거 미싱은 비슷한 사이즈의 다른 것에 비해서는 가격이 좀 높은 편이다. 하지만 일단 겉으로 보이는 외곽의 라인과 그

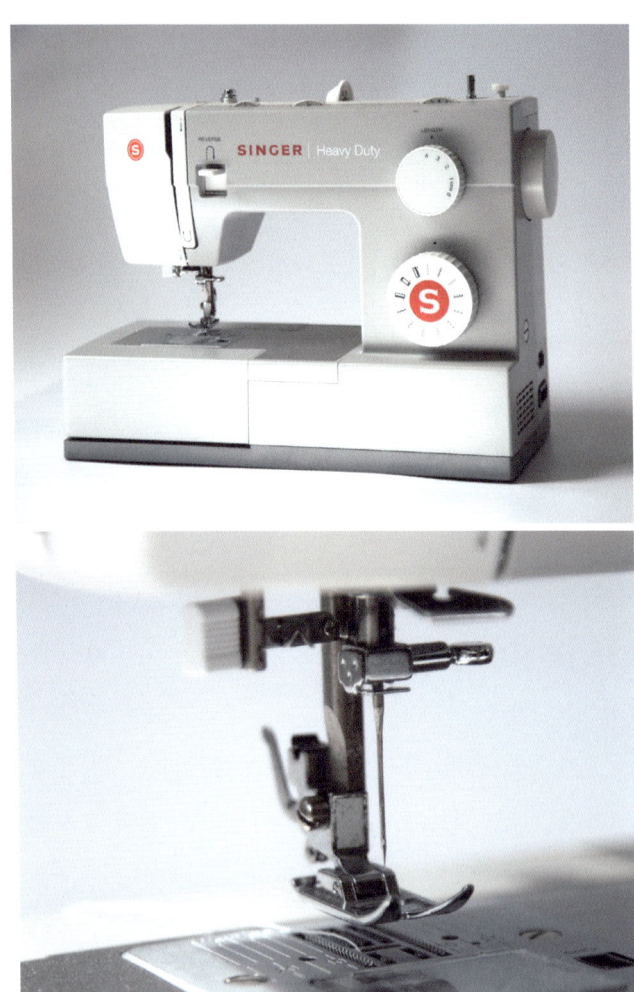

싱거(Singer) 미싱. 가로 38cm, 세로 16cm, 높이 28cm.

안에서의 비율들, 같은 플라스틱이라도 단단한 견고함 그리고 아이보리와 그레이의 조합 등 완성도가 훌륭하다. 무엇보다 정갈하게 각진 사각형 형태와 심플한 다이얼 등 내 취향에 딱 맞는 디자인이다. 그렇다고 사지 못할 정도로 가격이 높은 것도 아니다. 외식 한두 번의 금액 정도만 더 지불하면 가질 수 있는데 망설일 이유가 없었다.

싱거Singer 미싱은 1851년 세계 최초로 실용적인 재봉기를 개발한 아이작 메리트 싱거Issac Merritt Singer에 의해 뉴욕에서 설립되어 현재 세계 최고 가정용 미싱 브랜드로 전 세계 시장의 39%를 점유하고 있다. 그동안 손으로 돌리던 재봉틀 회전 방식을 개선해 발재봉틀을 만들었고, 미국을 시작으로 영국, 캐나다 등에서 널리 보급되었다.

재봉틀을 다시 갖고 싶다는 마음이 항상 있었다. 지금 우리 집 콘솔은 미국의 빈티지 숍에서 구입한 빈티지 싱거 미싱 다리 위에 대리석 상판을 맞춰 올려 쓰고 있고, 수십년 전 빈티지 싱거 미싱도 갖고는 있지만, 사용할 수 있는 뉴 모델 중에서 만족하며 선택했다.

대학 졸업 후 항상 바쁜 일상으로 미싱 앞에 다시 앉아 뭔가를 만들 여유가 없었던 시절에도 다시 찾고 싶었던 나의 취미는 사업을 하면서 어느 정도 자리가 잡히고 후배 디자이너들이 일을 잘 맡아서 하기 시작하던 어느 날, 싱거 미싱을 구입하면서 다시 시작되었다. 학비 걱정에 심란한 딸에게 의상학과 원서를 갖다 주시며 대학에 가서 배우라던 재봉질이 지금은 나만의 소중한 취미가 되었다.

클라터뮤젠 등산 재킷

클라터뮤젠의 아신야 재킷은 경량의 3레이어
큐탄 소재를 사용해서 제작한 방수 재킷이다.
4계절 착용할 수 있고 비가 오나 바람이 부나
내가 보호될 수 있도록 디자인되어 있다.
방수, 방풍 재킷이면서도 약간의 신축성이 있어서
활동하는 데도 아주 편하다.

사계절
아웃도어 라이프

내가 가지고 있는 물건들은 대부분 오래 전 구입해서 꾸준히 사용하고 지금도 많이 아끼는 것들이다. 하지만 이 물건은 구입한 지 2년밖에 안 된 물건이다. 하지만 사용 횟수로 따지자면 순위에 들 것이고, 옷 중에 따지자면 아마도 가장 여러 번 입었을 것이다.

나는 옷 입는 데 있어서 TPO(Time, Place, Occasion)를 무척 중요하게 생각한다. 그러니 내가 걷기와 등산을 하기 시작하고 재미를 붙여서 꾸준히 하겠다고 다짐한 후 가장 먼저 한 일은 등산하기에 적합한 등산복을 장만하는 것이었다.

젊어서는 젊은 기분에 '꼭 다 갖춰 입어야 해?' 하고 생각한 적이 있었다. 40세에 골프를 시작하고 골프복은 그냥 일상복 중에 적당히 어울릴 만한 것이면 된다고 생각하고 라운딩에 나서기도 했다. 하지만 아주 쾌청하고 온도도 적당하여 땀이 나지 않는 날을 제외하고는 날이 덥거나 비가 오거나 날이 춥거나 바람이 부는 날들은 어김없이 옷을 제대로 갖춰 입지 않은 것 때문에 낭패를 봤다.

　더워서 땀이 나니 바지가 들러붙어 움직이기 어렵고 상의는 땀에 젖어 달라붙고 바람이 불면 춥고 비가 조금이라도 오면 젖어서 마르지 않으니 옷이 무거워지면서 불편했다. 왜 각각의 운동에 맞는 기능성 의류가 나오는지 깨달았다. 이후, 나의 객기를 뒤로 하고 기능이 좋은 날씨에 따라 필요한 옷들을 장만했다.

　나는 충동구매를 하지 않는다. 필요한 아이템이 있으면 일단 좋은 브랜드들이 모여 있는 곳을 가서 샅샅이 비교하며 입어보고 체크한다. 일단 좋은 브랜드의 제품은 기능이 보장되므로 그중에 내가 좋아하는 디자인을 고른다.

　중요한 아이템을 구입할 때는 가성비가 좋아야 한다는 생각을 벗어나서 내 맘에 쏙 드는 것이 나타날 때까지 포기하지 않고 고르러 다닌다. 주말에 여유를 가지고 나가서 그 날 발견하지 못하면 다음 주에 다시 찾아 나서더라도 대충 사지 않는다.

　그렇게 등산복 매장을 둘러보다가 재킷 하나를 입고 거울을 보는데 그냥 더 이상 고민할 이유 없이 마음에 드는 것을 찾아냈다. 일단 이런저런 이너웨어와 하의와 매칭하기 좋은 다크 그레이 컬러였다. 다음에 하나를 더 살 때는 다른 컬러를 선택할

클라터뮤젠(Klattermusen)의 등산 재킷은 무게가 316g밖에 되지 않는다. 디자인과 기능은 나무랄 데가 없다.

수도 있겠지만, 첫 번째로 구입하는 등산 재킷이니까 튀지 않는 무난한 색상이 적합했다. 그리고 실루엣이 등산 재킷치고는 너무 샤프했다. 이미 기능은 훌륭한 것으로 알고 있으니 이 정도면 살 만했다. 하지만 가격이 너무 비쌀까? 살짝 가격표를 보니 다행히 무리하게 비싸지는 않았다. 이 정도의 기능과 디자인이라면 훌륭한 가격이라고 생각하며 선뜻 샀다.

이 재킷을 입고 디자이너라든지 마케팅하는 눈썰미가 있고 감각이 좋은 친구나 동생들을 만나면 너무 예쁘다며 어디서 샀냐고 묻곤 한다. 우쭐해서 알려주면 달려가 똑같은 것을 산 후배들도 있다

클라터뮤젠klattermusen은 북유럽을 대표하는 스웨덴의 대표적 아웃도어 브랜드로, 인간과 자연의 조화로운 공존을 지향하는 소재를 개발하고 사용하여 자연에 최소한 영향만을 주는 친환경 제품과 최고의 기능성 의류와 장비를 판매하고 있다.

클라터뮤젠의 아신야 재킷은 경량의 3레이어 큐탄 소재를 사용해서 제작한 방수 재킷이다. 4계절 착용할 수 있고 비와 바람에도 안전하다. 방수, 방풍 재킷이면서도 약간의 신축성이 있어서 활동하는 데도 아주 편하다. 316g 경량의 이 방수 재킷은 투웨이two-way 지퍼로 제작되어 하단 지퍼를 위로 올려서

산행 중 잠시 앉아서 쉴 때, 하단 지퍼만 올릴 수 있도록 한 투웨이 지퍼. 작은 디자인 포인트가 완성도를 높여준다.

하체의 활동성을 극대화할 수 있다. 래글런 소매로 제작되었고 목둘레에서 소매까지 하나의 원단으로 제작되어 어깨 봉제선이 없다. 배낭을 매고 활동할 때 배낭끈이 재봉선을 눌러 어깨를 압박하는 것을 방지해주어서 착용감이 좋고 활동성이 뛰어나다. 전면의 밑단보다 후면의 밑단이 상대적으로 길어서 입고 활동할 때 상체를 많이 움직여도 재킷이 말려 올라갈 때도 허리가 쉽게 노출되지 않아 불편함이 없다. 전면과 후면의 길이가 7-8cm 정도 차이 난다.

후드와 이어지는 재킷의 목 부분이 높게 디자인되어 있어서 앞 지퍼를 모두 잠그면 칼라 부분이 턱을 모두 가릴 정도로 올라온다. 비가 오거나 바람이 세게 불 때 후드를 쓰고 후드의 가장자리에 삽입된 조임 스트링을 잡아당기면 얼굴을 최대한 가릴 수 있고 후드 앞부분의 챙이 길어서 빗방울이 얼굴에 떨어지는 것을 막아주고 자외선을 차단하는 모자 역할도 해준다.

재킷의 매력은 후드를 썼을 때 더욱 빛난다. 걷거나 등산을 할 때는 여러 환경과 경우에 따라 후드를 썼다 벗었다 해야 할 때가 많은데, 후드를 썼을 때 모습 특히 옆 라인이 너무 예쁘다. 보통 후드는 바람이나 추위를 피하기 위함인데 후드를 썼을 때 오히려 더 예쁜 모습이니 매력적일 수밖에 없다. 이 후드는 썼을 때 예쁠 뿐 아니라 후드의 챙과 그 챙의 끝에 파이핑 마감을 하

비바람도 두렵지 않을 만한 기능의 등산 재킷인데 여성스러운 라인이 예쁘다.
후드를 썼을 때 실루엣이 아주 좋다.

여 안정된 캡 모자 형태와 같아서 안에 모자를 하나 더 쓴 것과 같이 보인다. 또한 후드 뒷면에 조임 스트링이 있어서 쉽게 모자 사이즈를 조절할 수 있다. 바람이 센 날 얼굴에 맞게 조여서 쓸 수 있으니 센 바람도 두렵지 않다.

    목 부분 중앙에도 스트랩이 있는데 이건 산행 시 나뭇가지 같은 곳에 재킷을 걸어 자연 바람을 통해 비와 땀이 빠르게 건조되도록 한 것이다. 얼마나 많은 연구를 하고 등산하는 사람들을 배려하는 디자인을 하기 위해 노력했는지 칭찬해주고 싶다.

    재킷 전면 좌우 포켓을 크게 하고 허리보다 조금 높은 위치에 있는데, 이것은 백팩의 허리스트랩이나 하네스와 같은 장비의 간섭을 최소화하고 재킷의 손상을 방지하기 위한 디자인이라고 한다. 포켓의 내부는 매쉬로 처리되어 양쪽 지퍼를 열면 벤틸레이션 기능이 발휘되어 재킷 내부의 땀과 열을 빠르게 외부로 배출할 수 있도록 되어 있다.

    독특한 손목 조임 스트링은 필요에 따라서 한 손으로 쉽고 빠르게 손목의 사이즈 조절이 가능하고, 겨울에 벙어리 장갑을 끼고도 조절할 수 있어서 더욱 편하다. 원래 입는 것보다 좀 넉넉한 사이즈를 입고 있는데, 겨울에 경량 패딩이나 스웨터를 입고 아웃웨어로 입으면 움직이며 활동하는데 투박하지 않아 편하게 움직일 수 있다.

이렇게 기능도 훌륭한데 입어서 실루엣까지 좋은 등산 재킷을 라이딩, 가벼운 피크닉, 여행을 갈 때도 애용하고 있다. 특히 자전거를 탈 때는 헬멧을 착용한 상태에서도 후드를 쓸 수 있어서 더 유용하다.

잠발란 등산화

나는 지금 3년째 걷기와 등산을 반복하고 있고
때로는 해파랑길, 남파랑길, 지리산 둘레길, 치악산 둘레길 등
꽤 고난이도의 길을 걸었지만 발에 물집이 나서 아파본 적이 없다.
며칠 동안 걸을 때는 혹시나 해서 여분의 등산화를
하나 더 가지고 가지만 굳이 가지고 갈 필요가 없었다.
잠발란 한 결레면 되었다.

극강의 편안함과
스타일까지

30대 중반부터 건강을 유지하기 위해서 운동을 하기 시작했다. 그때는 몇 년 동안 새벽 시간에 수영장을 꾸준히 다녔고 40세가 되어서는 새벽 운동으로 골프를 시작해서 다른 운동을 할 시간이 없었다. 직장 다니고 아이 키우며 살림하면서 새벽 운동 외에 운동을 더 할 수 있는 여유는 없었다. 주말이면 아이를 데리고 야외 활동을 하든지 아이에게 시간을 할애해야만 했다.

그러다가 아이가 고등학교부터 미국으로 유학을 가고 나니 시간 여유가 생기기 시작했다. 골프를 하면서도 다시 수영, 발레, 요가, 필라테스 등을 바꿔가며 주 2회 꾸준히 해왔다. 그러다가 50대 후반이 되니 드디어 내게도 더 편안하게 시간 여유가 생겼다. 그래서 시작하게 된 것이 걷기와 등산이다.

나는 사실 어떤 운동을 하더라도 장비와 옷이 제대로 갖춰

지지 않으면 흥미롭지가 않았다. 그동안 해왔던 운동들도 그랬다. 수영이면 수영복, 발레면 발레용품, 요가면 요가복, 골프면 골프채와 골프복 등 장비가 중요했다. 여기서 장비란 사용하는 도구들과 그 장르의 패션을 포함하는 것이다.

그런 내가 등산을 하기 시작했는데 처음 두세 달은 장비를 준비하지 않았다. 모든 운동이 그렇지만 하다 보면 나에게 맞지 않아 포기하게 되는 경우가 있기 때문이다. 좋아하게 될 것 같지 않던 걷기와 등산도 여유 있게 시간을 가지고 즐기니 점점 재미가 붙기 시작했다. 특히 다이어트에 효과가 있는 것 같았다. 게다가 건강에도 확실히 도움을 주는 것 같아 계속 하고 싶은 생각이 들었다. 그렇다면 장비를 준비해야 한다.

나는 걷기와 등산이 초보지만 남편은 그 방면으로 거의 전문가 수준이다. 5년 전 퇴직 후 산티아고 순례길을 완주하고 돌아와서는 더 전문가가 되었다. 그러니 걷기와 등산에 관련된 장비는 남편의 조언을 듣는 것이 옳았다. 내가 묻지 않더라도 남편은 걷고 등산하는 데 취미를 붙여가는 내가 신기하고 응원하고 싶어서 나서서 장비에 대한 조언을 늘어놓았다.

남편의 조언은 기능적으로는 아주 훌륭한 조언이었다. 하지만 나는 운동에 관련된 장비라도 패셔너블해야 한다는 기본적인 생각이 있어서 남편이 권하는 것은 기능적으로는 참고했지만

평상시에 신어도 될 만큼 좋은 디자인의 잠발란 등산화는 산이 험할수록 그 진가를 발휘한다.

디자인만큼은 내 맘에 드는 것을 아주 꼼꼼히 찾아보곤 했다. 여러 가지 품목 중에 걷기와 등산에서 가장 중요한 것은 하이킹화 또는 등산화다.

남편이 기능적으로 훌륭하다고 권해준 등산화 중 내 맘에 꼭 드는 디자인, 그래서 선택한 등산화가 바로 잠발란zamberlan 등산화 울트라라이트 블랙 컬러다. 등산 애호가들 사이에서는 주로 브라운 컬러를 선호하고 나의 남편도 브라운 컬러를 신는데, 나는 블랙이어야 해서 구하는 게 쉽지는 않았다. 평상시에 즐겨 입는 나의 옷차림에는 브라운보다는 블랙이 더 잘 어울린다. 물론 모노톤과 함께 자주 입는 베이지 내추럴이나 내추럴 카키 컬러에는 브라운도 잘 어울리지만, 나의 기본 컬러는 그레이 톤이기 때문에 블랙을 찾을 때까지 포기하지 않았다. 드디어 수소문해서 내게 맞는 사이즈의 블랙 컬러 잠발란 울트라라이트를 구할 수 있었다.

잠발란은 일단 디자인이 좋다. 90년 전통의 이태리 명품 등산화로 알려진 잠발란은 돌로미테 산악 지역에서 가죽 신발을 수선하던 주세페 잠발란의 산에 대한 열정으로 1929년 시작되었다. 잠발란은 1937년 세계 최초로 비브람 사의 고무창을 등산화에 적용하게 되는데 편안하고 튼튼한 등산화를 개발하려는

잠발란(Zamberlan) 울트라라이트, 무게 545g, 사이즈 42.

장인정신은 아들과 손자를 통해 이어져 내려오고 있다.

　전통적인 방법에 혁신적인 기술을 채용한 모든 가죽 등산화는 잠발란 본사가 위치한 이태리 자체 공장에서 생산하여 품질 관리에 대한 고집을 지켜오고 있다. 뛰어난 내구성과 안정적이고 편안한 착용감이 특징이다. 모든 종류의 지형과 기후를 감안하여 설계되었고 프리미엄 안창 사용으로 탁월한 안정감과 쿠션감을 주어서 험한 지형일수록 퍼포먼스를 발휘하고 시간이 갈수록 낡아지면서 그 멋을 발산하는 매력이 있다.

　지금까지 주변의 지인들과 걷다 보면 대부분의 사람들이 좀 걸으면 물집이 생기고 발이 불편했다고 호소를 한다. 나는 지금 3년째 걷기와 등산을 반복하고 있고 때로는 해파랑길, 남파랑길, 지리산 둘레길, 치악산 둘레길 등 꽤 고난이도의 길을 걸었지만 발에 물집이 나서 아파본 적이 없다. 며칠 동안 걸을 때는 혹시나 해서 여분의 등산화를 하나 더 가지고 가지만 굳이 가지고 갈 필요가 없었다.

　한번은 친한 친구와 5일 동안 남편을 따라 남파랑길 고흥, 보성 구간을 걸었는데 친구가 이틀 만에 발에 물집이 생기고야 말았다. 걸으러 떠나기 전 남편은 나의 친구에게 기능이 좋은 등산화가 꼭 필요하다고 권유했지만, 친구는 보통 만 보 정도 편하게 걸을 때 괜찮았다며 신던 운동화를 신은 것이다. 물집이 생겨

밴드를 붙였지만 그대로 신던 운동화를 신게 할 수가 없었다. 남은 3일 동안 내가 가져 간 여분의 다른 등산화를 친구에게 빌려주었고, 나는 5일 동안 잠발란을 신고 걸었다. 5일 동안 나의 발은 편안했다. 그런 데다가 나의 옷과도 매칭이 아주 잘 되는 스타일리시한 디자인으로 발걸음이 가벼웠다.

잠발란 등산화를 5년 동안 신으며 온갖 곳을 걸어 다닌 남편은 밑창이 닳아서 더 이상 신을 수 없게 되었다. 그런데 길들여진 신발을 계속 신고 싶다며 본사에 밑창을 교체하는 서비스를 맡겼다. 12만 원의 수선비를 냈고 한 달이 지나 새것처럼 되어 돌아왔다. 밑창만 따로 갈아서 다시 신을 수 있을 정도의 가죽 재질이라니 놀랍지 않은가.

완벽한 디자인이면서 신을수록 낡아지며 멋이 깃들여지는 이 편안한 등산화가 나는 정말 좋다.

스트레칭 도구들

운동 기구도 다른 물건들과 마찬가지로
사용하지 않고 한쪽에 놓아두었을 때
최소한 눈에 거슬리지 않아야 하고
오히려 보기에 예뻐야만 선택했다.
커다랗고 육중해 집 안에 전혀 어울리지 않은
운동 기구나 마사지 기기는 절대 사양한다.

평생의 다이어트,
매일 꾸준하게

내가 18세부터 어제까지 가장 꾸준히 한 것은 매일 잠자기 전 운동인 스트레칭을 하는 것이다. 40년 넘게 해왔고 앞으로도 계속할 것이다.

내가 처음 다이어트에 신경을 쓰기 시작한 것은 고등학생 때였다. 뚱뚱하지는 않았으나 하체가 길고 허리 부분이 짧아서 잘록한 허리가 아닌 H형의 허리로 중심 부분이 좀 통통했다. 안 그래도 외모에 신경을 쓰기 시작할 나이였는데, 여자는 나이가 들면서 엄마 체형을 닮아간다는 주변의 이야기를 듣게 되었다. 엄마는 그 당시 여성의 평균 키보다는 큰 165Cm에 팔다리는 가늘지만 상체에 살이 좀 찐 편이었는데, 내가 생각해도 나의 모습은 엄마를 닮아 있었다.

나이가 들면서 나도 엄마처럼 살이 찌게 될지 모른다는 생각에 충격을 받았고, 그때부터 나의 다이어트는 시작되었다. 당연히 먹는 양을 줄여서 항상 조심하면서 먹었다. 그리고 당시에는 지금처럼 운동을 배우거나 하러 다니는 시설이 없었다. 그래서 시작한 것이 가장 하기 쉬웠던 맨손체조 스트레칭이다. 일과를 끝내고 잠자기 전, 아무런 도구 없이 펴놓은 이불 위에서 스트레칭을 했다. 보통 20~30분 정도 했고 여의치 않을 때는 좀 짧게 때로는 길게 스트레칭을 했다.

그러면서 우리 사회에 건강을 위한 운동이라는 개념들이 서서히 생기기 시작했다. 나는 직장을 다니던 30대 중반부터 40대 후반까지는 주로 수영을, 사업을 하던 40대 후반부터 60세까지는 요가와 아쿠아로빅을, 시간적 여유가 생긴 60세부터는 주 2회 필라테스를, 주말에는 등산, 걷기, 자전거를 타고 있다.

그러면서도 빼놓지 않고 매일 하는 것은 당연히 스트레칭이다. 스트레칭도 꾸준히 하다 보니 새로운 운동 도구들이 눈에 띌 때마다 하나씩 장만하기 시작했다. 물건에 호기심이 많으므로 스트레칭 도구들도 여러 가지를 사서 사용해보고 그중 아니다 싶은 것은 퇴출시키고 운동하기 편하고 효과가 좋은 것들 몇 가지를 사용하고 있다.

운동 기구도 다른 물건들과 마찬가지로 사용하지 않고 한쪽에 놓아두었을 때 최소한 눈에 거슬리지 않아야 하고 오히려

매일 사용하는 운동 기구들로.
어느 공간에 두어도 어울리는 디자인과 컬러를 선택한다.

보기에 예뻐야만 선택했다. 커다랗고 육중해 집 안에 전혀 어울리지 않는 운동 기구나 마사지 기기는 절대 사양한다.

    매일 사용하게 되는 매트는 운동 기구 중 종류가 가장 많다. 나는 여러 가지 다양한 색상 중에 당연히 그레이를 선택했다. 이 매트로 바꾸기 전에는 푹신한 것이 좋을까 해서 1.2cm 두께의 블랙 컬러를 선택해서 사용했는데, 일단 블랙 컬러는 먼지가 잘 보여서 지저분해 보이기 쉬웠다. 너무 두꺼워서 사용하지 않을 때 접어서 보관할 수 없어서 불편했다. 그래서 그레이 컬러의 0.5cm 두께의 매트를 다시 구입했는데, 이 정도 두께로도 스트레칭하기에는 충분히 푹신하다. 사용하지 않을 때에는 돌돌 말기도 편해서 한쪽 벽에 세워두고 사용한다.

    매일 사용하는 것 중 또 하나는 요가링이다. 요가링은 내가 스트레칭할 때 한 손에 들고 동작을 하는데, 맨손으로 하는 것보다 같은 강도로 해도 훨씬 효과가 좋다. 구입할 때는 양손에 들고 하면 더 효과가 좋을 것 같아서 두 개를 주문했는데, 실제로 스트레칭을 해보니 양손에 들고 하는 것은 효과적이지 않았다. 스트레칭은 한 방향씩 교대로 하는 동작들이라 하나면 충분하다.

    폼롤러는 앉아서 스트레칭을 시작할 때 종아리 아래 두고 스트레칭을 하면 종아리가 자극되어 마사지 효과가 좋다. 스트

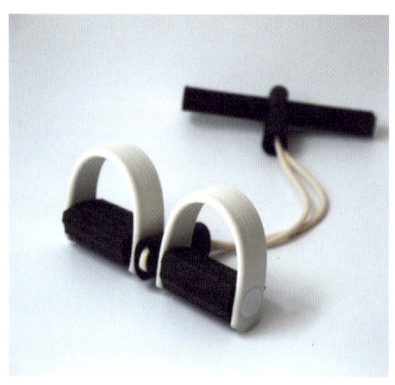

요가매트, 요가링, 폼롤러, 텐션밴드 등
매일 사용하는 스트레칭 도구들.

레칭 후에는 허리, 엉덩이, 고관절 부분에 깔고 살살 굴리면서 마사지를 한다. 사각형의 지압 돌기가 있어 아픈 듯하지만 엄청 시원하다.

스트레칭 후에는 주로 누워서 텐션밴드를 이용해 근력운동을 한다. 평소에 주 2회 필라테스 수업을 받기 때문에 어느 정도 근력운동을 하고 있지만, 그것만으로는 충분하지 않은 것 같아 집에서 꾸준히 하고 있다.

사람들은 매일 운동하는 것이 쉽지 않아서 실천하기가 어렵다고 한다. 스트레칭은 주로 앉거나 누워서 하고 근력운동도 텐션밴드를 들고 누워서 하는 이유가 바로 매일 하기 위해서다. 나만의 편안한 자세로 운동을 개발해서 하다 보니 나는 매일같이 하는 40년 동안의 잠자기 전 운동이 일상적인 생활 습관이 되었다.

운동은 강도나 시간보다 매일 꾸준하게 하는 것이 더 중요하다. 건강을 생각한다면 오늘부터라도 내게 맞는 가벼운 스트레칭이 어떨까.

패 션

아름답고 스타일리시하게

티파니 클로버 키 펜던트

열쇠 모양의 펜던트를 선택하면서 체인은 두 가지를 골랐다. 하나는 45cm, 또 하나는 60cm다. 브이넥의 상의를 입고 목걸이가 옷에 걸쳐지지 않게 짧게 하고 싶을 때는 45cm를, 라운드넥이나 터틀넥 상의에는 60cm를 사용한다.
'체인이야 꼭 티파니가 아니면 어때'라고 생각할 수도 있지만 티파니 체인은 섬세해 훨씬 아름답다.

하늘색 사랑의
주얼리

티파니는 연령을 불구하고 많은 여자들의 로망인 브랜드이다. 모두가 알고 있듯이, 이건 오드리 헵번의 영화 〈티파니에서 아침을〉에서부터 시작되었다고 해도 과언이 아닐 것이다. 오드리 헵번이 동경하는 티파니라고 하니, 한번쯤 관심을 갖게 되는 건 당연하다.

    1837년 뉴욕에 첫 매장을 오픈한 티파니Tiffany & Co. 1845년 당시 미국 최초의 우편 카탈로그를 발행하며 럭셔리 보석을 소개하기 시작했고, 이 카탈로그를 '블루 북'이라고 부르면서 지금의 티파니를 상징하는 블루의 시작이 되었다. 처음에는 다이아몬드로 시작했지만, 1951년 미국 최초로 0.925 스털링 실버 표준을 수립해, 은 소재 보석의 시장도 넓혔다.

    내가 뉴욕을 드나든 건 횟수를 셀 수 없을 정도로 자주 있는 일이었다. 젊은 시절부터 뉴욕이란 꿈의 도시에 가면 당연히

심플할수록 고급스러워야 한다.
정장이나 캐주얼이나 목걸이 하나만으로 잔잔한 포인트가 된다.

많은 시간을 보내는 거리가 5번가였고, 5번가의 티파니는 지나칠 수 없는 곳이었다. 일단 쇼윈도의 디스플레이가 눈길을 끌기에 충분하다. 특히 크리스마스가 다가오는 시즌에는 화려한 보석 장식의 조명으로 건물 전체를 장식해 사람들의 시선을 멈추게 한다.

티파니는 당연히 다이아몬드를 비롯한 보석을 중심으로 하는 브랜드이지만 그곳을 향하는 초기, 중간 단계를 거칠 수 있는 라인을 친절하게 제안해준다. 주머니 사정이 가볍더라도 어렵지 않게 입문할 수 있는 실버 라인부터 다양한 라인의 디자인들이 각 층마다 다양하게 준비되어 있어 명품치고는 문턱이 높지 않다.

나는 이미 결혼한 지도 오랜 세월이 지났고 집 안의 물건에 관심이 많아서 값비싼 보석을 추구하지는 않는다. 하지만 나도 좋아하고 갖고 싶은 것이 가끔은 있다.

단순하고 고급스러운 아이템은 평소에 다양한 옷차림에 사용하기가 좋다. 제대로 차려 입어야 하는 정장 차림의 마무리로, 캐쥬얼한 진팬츠 차림에는 무심한 듯 걸칠 수 있는 목걸이로 이 티파니 열쇠 목걸이를 선택했다. 2009년 티파니 키 컬렉션 중 하나로 18K 화이트골드에 간결한 열쇠 디자인, 세 잎 클로버 사이사이에 작고 반짝이는 다이아몬드가 하나씩 박혀져 있다.

티파니(Tiffany)의 키 펜던트. 가로 1.3cm, 세로 5.4cm. 긴 체인 60cm, 짧은 체인 45cm.

내가 평소에 다이어트에 신경을 쓰면서 체형을 유지하려고 하는 가장 큰 이유는 진팬츠에 티셔츠 하나만 입어도 패셔너블해 보이는 것을 좋아하기 때문이다. 그런 차림에 화려하기보다는 너무 튀지 않게 살짝 포인트가 되는 장식이 더 감각적으로 보인다. 단순한 디자인이지만 튀지 않아 오히려 돋보인다. 이미 내 손에 들어온 지가 15년은 된 것 같은데, 아직도 티파니 매장에 가면 비슷한 디자인의 여러 가지 키 모양이 있다는 것도 반가운 일이다.

열쇠 모양의 펜던트를 선택하면서 체인은 두 가지 타입을 골랐다. 하나는 45cm, 또 하나는 60cm다. 브이넥의 상의를 입고 목걸이가 옷에 걸쳐지지 않게 짧게 하고 싶을 때는 45cm를, 라운드넥이나 터틀넥 상의에는 60cm를 사용한다. '체인이야 꼭 티파니가 아니면 어때'라고 생각할 수도 있지만 티파니 체인은 섬세해 훨씬 아름답다.

나의 티파니 사랑은 어쩌다 아들에게도 전달되었다. 아들이 미국에서 공부하는 동안 우리는 뉴욕에서 몇 번 만나서 5번가를 함께 다니곤 했다. 그때 나의 티파니 이야기를 아들은 유심히 들었나 보다. 학교를 마치고 돌아와 직장을 다니고 있는 아들이 작년 나의 환갑이 다가올 때 "엄마, 환갑 선물 티파니 해주고 싶은데 이번에는 실버로, 다음엔 골드 해줄게"라며 나에게

모던해서 간결하지만 여성스러움이 묻어나는 디자인.
클로버의 행운을 간직해주는 듯하다.

디자인을 고르라고 했다.

　나는 즐거운 마음으로 자그마한 하트 모양의 실버 귀걸이를 골랐고, 국내에는 없는 디자인이라 두 달을 기다렸다가 받았다. 아주 작은 실버 소재 귀걸이지만 아들이 나에게 준 소중한 선물이니 평생 아끼며 사용할 것이다. 그리고 훗날 아들의 와이프에게 물려주려고 한다. 당연히 키 펜던트의 목걸이도 함께.

마놀로 블라닉 레이스 구두

10년 전, 뉴욕의 마놀로 블라닉 매장을 다시 찾았을 때
내 눈을 사로잡은 디자인은 블랙 컬러에 레이스가
우아하게 장식된 레이스 러플 펌프스였다.
구두에 섬세한 레이스 디자인이라니,
마놀로 블라닉이 아니었다면 신발 하나로
이렇게 우아한 룩을 완성할 수가 있었을까?

뉴요커의
하이힐

나는 뉴욕이 좋다. 뉴욕의 맨해튼이라는 도시가 지닌 다양성과 자유로움이 좋다.

그런 맨해튼을 가장 잘 보여주는 것으로 드라마 〈섹스 앤 더 시티〉가 있다. 1998년부터 2004년에 걸쳐 여섯 시즌 동안 가장 인기 있고 영향력 있는 TV시리즈 중 하나였다. 이미 20년이나 지난 드라마지만 이 드라마를 즐겨 보며 뉴욕과 뉴요커에 대한 매력에 빠지게 되었다.

이 드라마는 맨해튼에 사는 30대와 40대 커리어 우먼들의 삶과 사랑을 솔직하고 코믹하게 담고 있다. 주인공 캐리 브래드쇼(사라 제시카 파커)는 작가이자 자칭 성 인류학자로서, 인기 있는 연애 칼럼니스트다. 그의 글은 완벽한 파트너를 찾기 위해 적극적인 자신과 친구들의 경험을 바탕으로 한다. 한 가지 더 여성들에게 인기를 끌었던 이유는 여자들 간의 우정과 현대사회에서 여성의 역할에 대한 생각을 함께 나눌 수 있었다는 것이다. 여기서 주인공인 사라 제시카 파커는 뉴요커의 스타일을 한껏 뽐내는 스타일리시한 룩으로 매회 눈길을 끌었는데, 여기서 그녀가 마놀로 블라닉 슈즈의 마니아로 등장한다.

또한, 세계적인 가수 마돈나는 '나는 섹스보다 마놀로 블라닉이 좋다'고 마놀로 블라닉에 대한 애정을 드러냈으며, 영국의 다이애나 왕세자비를 비롯해 할리우드 스타들도 마놀로 블라닉을 사랑했다.

마놀로 블라닉Manolo Blahnik은 항상 고전적인 힐을 고수하면서 새롭고 예술적인 스타일을 창조해내는 것으로 인정받는다. 뉴욕에서 1년 살기를 하는 동안 평생 간직할 만한 엘레강스한 구두를 산 것은 그냥 지나치다 산 충동 구매가 아니었다.

2005년 우리나라에 처음 마놀로 블라닉이 오픈했을 때 구입한 BB 워터 스네이크 펌프스BB Water Snake Pumps. 내추럴 컬러의 8cm 힐을 신으며 앞이 뾰족한 날렵한 라인의 여성스러운 힐도 편하게 신을 수 있다는 것을 알고 있었다. BB는 마놀로 블라닉의 클래식 시그니처 스타일 중 하나로 2008년 처음 소개되었고, 프랑스 여배우 브리지트 바르도Brigitte Bardot의 이름에서 따온 명칭이다.

좋은 신발은 좋은 곳으로 데려다준다. 좋은 곳에 갈 때는 마놀로 블라닉의 레이스 구두를 신는다.

마놀로 블라닉(Manolo Blahnic)의 블랙 레이스 힐, 굽 7cm.

이 구두를 신기 전까지는 지독히 평발인 나의 발에 편한 힐은 없었다. 그래서 언제나 힐을 신어야 하는 상황이면 차에 편한 신발을 하나씩 여분으로 가지고 다녀야만 했다. 마놀로 블라닉은 편하고 아름다운 하이힐의 세계로 나를 이끌었다.

10년 전, 뉴욕의 마놀로 블라닉 매장을 다시 찾았을 때 내 눈을 사로잡은 디자인은 블랙 컬러에 레이스가 우아하게 장식된 레이스 러플 펌프스lace ruffle pumps였다. 1920년대 스타일을 좋아하는 나에게는 딱 저녁 모임이나 파티에 신고 가고픈 디자인을 득템한 것이다. 구두에 섬세한 레이스 디자인이라니, 마놀로 블라닉이 아니었다면 신발 하나로 이렇게 우아한 룩을 완성할 수가 있었을까?

버켄스탁 울 펠트 슬리퍼

투박해 보이나 투박한 대로 멋이 있고
내추럴한 펠트 소재가 따뜻한 느낌을 준다.
신어보니 착용감마저 편안하고 포근했다.
날씨가 흐리고 밤이 되면 찬 기운이 도는
런던 근교의 작은 기숙사 방에서
이 슬리퍼는 한 달 내내 제 역할을 톡톡히 했다.

차가운 내 발을
따뜻하게

240년의 역사를 자랑하는 독일의 글로벌 슈즈 브랜드 버켄스탁 Birkenstock은 세계 각국의 도시를 모티브로 하여 개성 넘치는 디자인을 선보여 전 세계적으로 트렌드를 이끌며 대중들의 사랑을 흠뻑 받고 있는 브랜드다. 특히 코르크를 이용한 독특한 제조 공법이 특징이며 유행에 민감하지 않은 전형적인 브랜드만의 디자인과 품질로 그 가치를 인정받고 있다.

'편안한 신발을 만들자'는 이념으로 유행의 흐름과 상관없는 건강한 발을 위한 신발, 그리고 환경과의 지속 가능성을 중시하며 가치 있는 아이템들을 선보이고 있어서 주변에 버켄스탁 여름 슬리퍼 하나씩은 웬만하면 하나씩 가지고 있을 정도이다.

버켄스탁은 애리조나, 발리, 보스턴, 버클리, 밀라노, 마드리드, 시에나, 교토 등 30여 개 이상 세계 각국의 명칭을 딴 스타일을 보여주고 있다. 각 도시에 따라 하나의 스타일부터 많은 스타

일들이 버켄스탁의 고유 이미지는 그대로 간직하면서 각 도시의 특징을 가미하여 비교하면서 보는 즐거움을 준다. '아, 정말 이 스타일은 교토다워', '이건 밀라노답네.' 이렇게 생각되도록 흥미를 유발시킨다.

내가 처음 버켄스탁을 만난 건 2000년대 초반 영국의 런던 근교에 있는 콘스탄스스프라이 플라워 스쿨을 다녔을 때였다. 우리나라의 라이프스타일에서 꽃의 비중이 훨씬 더 적었을 때, 공간에 어울리는 꽃이란 개념은 없이 꽃꽂이 자체에만 치중하는 것이 안타까웠다. 디자이너로 스타일리스트로 활발히 활동하던 나는 공간에 어울리는 꽃 디자인을 알리기 위해서는 꽃에 대한 기본적인 공부를 하고 그것을 바탕으로 모던한 공간 안의 꽃 디자인을 개발해야 한다고 생각했다. 그래서 선택한 곳이 기숙사가 있는 플라워 스쿨이었고 한 달간 기숙사에서 생활하며 수업에 참가했다.

학교는 런던에서 기차로 한 시간, 기차역에서는 대중교통이 없어서 택시를 이용하거나 30분 정도를 걸어서 가야 할 정도로 멀었다. 나는 학교로 들어가기 일주일 전 먼저 런던에 살고 있는 지인의 집에 머물며 잠시 런던 시내를 들러볼 수 있었다. 가을이었는데 역시 런던은 예상보다 날이 흐리고 온도가 낮아서 두꺼운 옷을 준비하지 않은 나에게는 많이 춥게 느껴졌다. 필요한 따뜻한 옷들과 신발을 구입해서 학교로 들어갔다.

학교는 역사가 오래된 작은 성으로 크고 아름다운 가든이 있는 운치 있는 곳이었다. 이렇게 역사가 깊은 건물이니 당연히 기숙사 방들도 소설 《빨간머리 앤》에 나오는 방처럼 작고 낡아서 마룻바닥이 삐걱거리고 있었다. 이 기숙사에서 지내려면 패브릭으로 된 실내화로는 부족했고 보온력이 좋으면서 삐걱이는 마룻바닥에 견딜 제대로 된 겨울용 실내화가 필요했다.

주중 수업을 마치고 쉬는 주말에 바로 런던으로 나갔다. 꼭 필요한 실내용 슬리퍼를 사기 위해서였다. 한 달간 신을 슬리퍼지만 아무거나 살 수는 없었고, 마음에 드는 것을 찾아 여러 곳을 다니다가 눈에 뜨는 디자인을 발견했다.

버켄스탁에서 1979년에 출시된 보스턴 슬리퍼는 실내화 용도로 나온 건 아니었지만, 유럽의 실내에는 잘 맞게 디자인되었다. 클로그(Clog: 나막신) 형태의 독특한 디자인이 투박해 보이나 투박한 대로 멋이 있고 내추럴한 펠트 소재가 따뜻한 느낌을 준다. 신어보니 착용감마저 편안하고 포근했다. 한겨울은 아니었지만 날씨가 흐리고 밤이 되면 찬 기운이 도는 런던 근교의 작은 기숙사 방에서 이 슬리퍼는 한 달 내내 제 역할을 톡톡히 했다.

버켄스탁(Birkenstock) 보스톤 울 펠트 슬리퍼.
추운 겨울에 꼭 필요한 아이템이다.

한 달 후 돌아오는 짐을 꾸릴 때 나의 캐리어에는 이 슬리퍼가 잘 포장되어 담겨져 있었다. 당시는 우리 집이 아파트였기 때문에 집에서는 이 슬리퍼를 신지 않았고 외출용으로 자주 신었다.

한참이 지나 단독주택에서의 첫 번째 겨울이 다가왔다. 들었던 대로 단독주택에서는 겨울에 보일러를 충분히 틀면서 살 수는 없었다. 게다가 천장 높은 집을 로망으로 하다가 거실 천장이 4.8미터나 되도록 설계를 했으니 보일러를 돌려서 온도를 올려도 따뜻한 공기는 모두 천장 쪽으로 올라가버려서 바닥 쪽은 무척 추웠다.

그래서 다시 생각난 것이 버켄스탁 보스턴 울 펠트 슬리퍼였다. 가지고 온 것은 이미 오래된 것이고 외부에서 신었기 때문에 새것으로 다시 장만했다.

버켄스탁은 실내에서도 스타일리시하게 따뜻하게 신을 수 있는 슬리퍼로 다시 내게 돌아왔다. 나는 이 슬리퍼 디자인이 좋다. 둥글고 투박하지만 간결한 라인으로 모던하고 거친 질감을 지닌 소재의 카카오 컬러는 내추럴해서 더 따뜻한 느낌이다.

오래될수록 더 좋아지는 것들

초판 1쇄 발행 2022년 11월 3일

지은이 권은순

편집 이동은 김주현 성스레
미술 강현희 정세라
마케팅 사공성 강승덕 한은영
제작 박장혁

발행처 북커스
발행인 정의선
이사 전수현

출판등록 2018년 5월 16일 제406-2018-000054호
주소 서울시 종로구 평창30길 10 (03004)
전화 02-394-5981~2(편집) 031-955-6980(마케팅)
팩스 031-955-6988

ⓒ 권은순, 2022

이 책은 저작권법에 의해 보호를 받는 저작물이므로 무단 전재 및 복제를 금지하며,
이 책의 내용 전부 또는 일부를 이용하려면 반드시 저작권자와 북커스의 서면 동의를 받아야 합니다.

ISBN 979-11-90118-46-0 13590

- 북커스(BOOKERS)는 (주)음악세계의 임프린트입니다.
- 값은 뒤표지에 있습니다.
- 파본이나 잘못된 책은 구입하신 서점에서 교환해 드립니다.